U0920143

绿茵弟子规

足球少年国学课

丛云　编著

青岛出版集团 | 青岛出版社

图书在版编目（CIP）数据

足球少年国学课. 上 / 丛云编著. — 青岛：青岛出版社, 2021.11

ISBN 978-7-5552-2781-6

Ⅰ. ①足… Ⅱ. ①丛… Ⅲ. ①青少年 – 足球运动②中华文化 – 青少年教育 Ⅳ. ①G843.2②K203

中国版本图书馆CIP数据核字（2021）第179617号

书　　名　足球少年国学课（上）
编　　著　丛　云
总 策 划　马军鸣
发起单位　山东省足球运动协会
指导委员会　王　毅　许铁军　戴方波　胡仲华
　　　　　　李晓毅　吴　际　吴　昊
故　　事　贺晓龙
漫　　画　孙闻婧
封面图片　孟　达
出版发行　青岛出版社
社　　址　青岛市崂山区海尔路182号（266061）
本社网址　http://www.qdpub.com
邮购电话　0532-68068091
责任编辑　陈　宁
版式设计　王戈力　郭姗姗
制　　版　青岛乐喜力科技发展有限公司
印　　刷　青岛新华印刷有限公司
出版日期　2021年11月第1版　2021年11月第1次印刷
开　　本　32开（890mm × 1240mm）
印　　张　11.125
字　　数　110千
书　　号　ISBN 978-7-5552-2781-6
定　　价　90.00元（上下册）

编校印装质量、盗版监督服务电话　4006532017　0532-68068050

序一
始于蹴鞠 成于规矩

在我的人生履历中，身份、角色数度变化，却冥冥之中离不开足球。知天命之年置身足球管理一线，我真真切切地体会到足球这一“社会工程”的千头万绪。

做记者时，是旁观者，也是思考者。20 世纪 90 年代我供职于《齐鲁晚报》，1992 年，施拉普纳用“豹子精神”武装中国足球，点兵广岛亚洲杯，我有幸成为山东省第一个外派出国采访的体育记者。那时，中国足球队是亚洲一流球队，靠的是坚不可摧的精神信念和报国之志。

1995 年，“铿锵玫瑰”在瑞典征战女足世界杯，温利蓉拼尽全力后被背出体育场，这场景让我泪流满面，顿悟了什么是风雨彩虹。这是我足球记忆中少有的痛彻心扉。

1996 年的欧洲杯在现代足球发源地英国举行，这是“足球回家”的巅峰对决。从伦敦到利兹，从利物浦到曼彻斯特，最后再到温布利大球场，我目睹了加斯科因惊世骇俗的进球，比埃尔霍夫足球史上的第一粒金球，“金色轰炸机”克林斯曼从伊丽莎白女王手中捧起金杯。与“大管家”布拉特、“足球皇帝”贝肯鲍尔煮酒论英雄，心头萦绕的光荣与梦想离我们有多远？

1998 年，在浪漫的法兰西，震撼我的是“战神”巴蒂斯图塔悲情的呐喊，是河锡舟背后铲人的第一张红牌……困惑我的是究竟该如何定义足球。

2002 年，中国足球队历史上第一次，也是至今唯一一次进入世界杯决赛。韩国足球队进入了四强，亚洲足球的闪亮在流血的意大利球员眼里应该没有荣耀。

凡是过往，皆是序章。如今置身山东足球管理一线，是管理者更应该是践行者，对青少年足球的牵挂必须爱到至深，对工作职责的牵挂必须责任至上。多年的思索就是现实的课题，除了球场上的简单胜负，我们还能够做些什么？还应该做些什么？

多年来，中国足球的问题一直是一个被广泛关注的社会问题，不是资金支持不够，不是技术完全落后，我觉得其根本问题在于没有塑魂。球队职业化以后，浮躁的成长环境让中国球员缺少了最重要的文化支撑。这份文化支撑，需要从我们的文化自信中去寻找。

习近平总书记说，优秀传统文化是一个国家、一个民族传承发展的根本。伟大民族精神的核心是爱国主义，体育运动正好可以承载这一特殊使命。中国优秀传统文化博大精深，它能增强做中国人的骨气和底气，是我们最深厚的文化软实力，是我们文化发展的母体，积淀着中华民族最深沉的精神追求。诸如自强不息的奋斗精神，精忠报国的爱国情怀，天下兴亡、匹夫有责的担当意识，舍生取义的牺牲精神，这些具有极鲜明中国特色的理念和智慧，如何与现代足球运动精神相结合，从中找到一条适合我们新时代中国特色社会主义的足球发展之路，是非常值得并迫切需要求索的课题。

山东曲阜是孔子的故乡和儒家文化的发祥地。孔子是春秋时期鲁国人，被称为“万世师表”。他创立了儒家学派，倡导德治教化，强调规矩方圆。山东临淄是古代足球的起源地。起初的蹴鞠运动不只是娱乐，更有强身健体和培养品德之用。蹴鞠运动中，渗透着“道德至上”“礼仪文化”“规矩家风”“合朋胜己”“千般打熬”等道德内容。可以说，足球这项运动从诞生就烙下了深深的文化胎记。

始于蹴鞠、成于规矩，寻根问祖、国学铸魂。足球的根在中国，足球发展的根在文化。对优秀球员的培养，需要从根上做起，培养根植于内心的修养、根植于内心的信念、根植于内心的自觉。中国足球的成绩长期上不去，主要是缺乏一套全面的长远的发展建设规划，缺乏持之以恒贯彻执行规划的决心和相关的体制机制。2020 年 11 月 26 日，《中国足球协会青少年训练大纲》公布，《大纲》明确了中国足球的青训目标，球员发展理念、比赛训练理念、训练执教理念。《足球少年国学课》应运而生，期待能成为中国青训课堂的有益补充。

《足球少年国学课》立足于古，贯通于今；结合实例，通俗易懂。本书由山东省足球运动协会发起，多位专家顾问提供宝贵意见，专业团队精心构思撰写，将优秀传统国学读本与足球青训课堂相衔接，“足球 + 国学”理念开国内之先河，希望能为中国足球百年大计铺上一块文化基石；“体育 + 国学”理念应时代之要求，希望能为校园基础教育树立一个崭新样本。

相信在中国优秀传统文化的滋润下，中国足球再长的路也能抵达，中国足球少年加油！

山东省足球运动管理中心主任

山东省足球运动协会常务副会长

2021 年 6 月

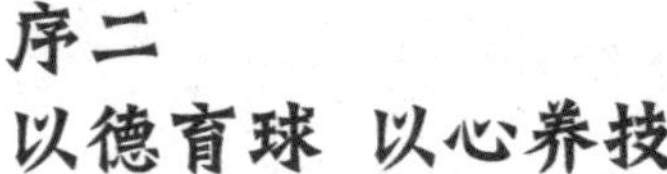

序二
以德育球 以心养技

作为中国足球一线工作者，我有着 40 多年的足球从业经验，从运动员、大学足球教师、职业教练员、教练员培训讲师到青少年校园足球的参与者和研究者，我见证了中国足球发展的艰难历程，也见证了中国足球经历失败和挫折后一次又一次地反思和践行。

中国足球曾经有过一些不错的成绩，但也走过许许多多的弯路。我们沉浸于成绩为先、世界杯的“出线”和“金元足球”的泡沫式发展，却忽视了足球基础建设的重要性；习惯了青少年足球运动员的长期“三集中”，却脱离了学校也脱离了家庭和社会的教育；忽略了青少年足球后备人才的全面培养，尤其是青少年阶段必需的文化基础教育与综合素质教育。

素质教育的核心是解决好培养什么样的人、怎样培养人这个根本问题，这也是教育工作的主题。我们的一线教练员在训练指导中更多的是注重运动员体能、技术和战术等专业能力的培养，这些都背离了青少年身心发展的基本规律，急功近利，揠苗助长，导致球员们文化基础薄弱，内涵缺失，道德修养低下，没有帮助青少年球员形成正确的人生观和价值观。众多足球教育工作者和从业者没有深入研究和梳理足球运动的教育功能和社会功能，整个社会也没有形成广泛的健康的足球文化。

历年来，党和国家领导人都非常重视足球事业的发展和青少年足球人才培养等工作，曾多次提出殷切希望，鼓励教育部门和体育部门积极展开合作，大力开展青少年校园足球活动，不断提高青少年足球后备人才的质量。2020 年公布的《中国足球协会青少年训练大纲》，旨在全面推广和统一我国青少年足球发展理念，推动青少年足球运动普及与发展。当然，一份大纲不足以解决青少年足球发展中的所有问题，结合多年的工作经验和实际需求，我深感如果能同步一个“青少年足球文化大纲”，双管齐下，夯实基础，方能实现“立德树人”的核心目标，为国家储备更多足球人才。

正逢此时，我非常高兴地看到了《足球少年国学课》的问世。此书以崭新的视角，通过国学课的形式，将全书分解为 10 大篇章、65 个主题，结合中外足坛大量鲜活的故事和球星成长史，给中国足球少年细细地阐释了《弟子规》的真谛，讲述了踢好足球、做好足球人的道理。同时帮助他们了解中国优秀传统文化，给青少年足球运动员的成长和发展注入丰富的营养剂。

中国是古代足球的发源地，我们的祖先在漫长的历史发展进程和社会实践活动中，用聪明和智慧培育了独特而优秀的传统文化，经过一代又一代人的传承和发扬，具有中国特色的优秀传统文化不断得到丰富和完善。挖掘并借助于中国文化的深厚内涵，我们期待“绿茵弟子规”能够发挥其春风化雨的作用：以德育球，让青少年球员养成良好的生活习惯，形成正确的人生观和价值观；以心养技，让广大青少年在接受足球训练和教育的过程中实现身心健康发展，进一步开拓他们的思路、拓展他们的格局，让他们成为优秀的足球人，同时也成长为国家栋梁之材。

全国青少年校园足球专家委员会副主任委员

北京体育大学中国足球运动学院教授、博士生导师

2021 年 6 月

序三
从远征到溯源

在中国足球青训史上，健力宝青年队的案例一直被认为是非常重要的一课。近 30 年来，这一课所代表的意义和产生的影响，一直在被讨论着、研究着。

那是中国足球少年们一次真正的远征——远到南半球，远离亲人。虽然条件艰苦，但在这人生关键一课中所学到的，最后也远超他们的想象。

这一课是否成功呢？时间已经给出了答案：健力宝青年队前后共征召 29 名队员，28 名队员至今都没有离开绿茵场。有的是职业教练，有的是青训教练，他们都在做与足球相关的工作。没有任何一届国家青年队，有如此高坚守在足球一线的从业比例。

这一课教会了我们什么呢？关于健力宝青年队的案例，在本书中是与弟子规“兄弟睦，孝在中”6 个字相链接的。所谓“兄弟睦”，就是团队精神，彼此包容、彼此信任、共同学习、共同进步，学会了这一点，小球员在任何团队中都能很好地融入；所谓“孝在中”，就是爱国精神，当年我们曾在一面墙上写下 14 个字——足球王国育球星，争当球星效中华。现在，李铁执教国家队，他们的训练场上写着：能征善战、作风优良、团结是铁。做到这些，就是对祖国的“孝”、对事业的“孝”，就是作为球员应有的家国情怀。

改革开放以来，我国国力不断增强，人民生活日益富裕，很多有天赋、有理想的足球少年，都有可能去实现当年想都不敢想的远征。现在在荷兰踢球的李嗣镕就是其中崭露头角的一位，但要成为像韩国球员孙兴慜那样的世界顶级球星，李嗣镕们仍需要付出更多的努力。这种努力不仅仅依靠物质基础，更需要精神支撑，所以《足球少年国学课》可以说是文化层面的“从娃娃抓起”。孩子们能够从国学中汲取养分，从规矩中学会自律，从案例中举一反三，从源头上夯实基础，进而拥有爱国心、感恩心、奋斗心、团结心。相信在未来的足球赛场上，一定会出现强大的中国心。

希望我们每一位足球人，都能不忘初心，为中国足球的发展付出扎扎实实的努力，让更多孩子体会足球运动的快乐，健康地成长。

全国青少年校园足球专家委员会副主任委员

前国家男子足球队主教练

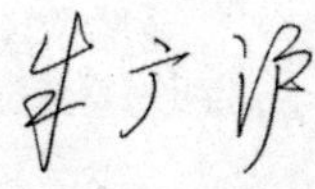

2021 年 6 月

序四
从“三字经”到“弟子规”

作为一名足球教练，外界每次说起我，一定会提到我总结的足球“三字经”。“抢逼围”就是紧贴身、不犯规、看准球、伸脚抢、卡住位、准备追；“接传转”就是迎球接、把球吸、重心稳、事先观、选好位、对准传。“三字经”也好，“36 字口诀”也好，这是我多年足球职业生涯总结出来的足球技战术理念，对球员们念叨了不知道多少回，也影响了几代球员。

后来，组建根宝足球基地，做青训，选球员，我强调的最多的一个词就是“人品”。无论谁来找我做采访，无论在什么层面上做工作总结，“人品”两个字始终是我排在第一位去强调的。“人品看面相，技术看球感，身体看速度，意识看头脑。”“一名球员的人品好坏决定着他可以走多远，我们首先看重的是球员的人品。”“人在做，天在看，所以，我们这里最重要的就是人品教育。”

归纳起来其实也是“三字经”——要踢球，先做人。

这几个字听起来简单，但是要一遍一遍地去讲，要讲到孩子的心里去并不是件容易的事。如今看到《足球少年国学课》这样一本书，用国学读本结合经典案例来讲述踢球做人的道理，这是为中国足球青训工作铺上了一块文化基石，也是为中国足球发展找到的文化初心。

书中提到了我的弟子高洪波，提到了武磊，在我的脑海里，依然深深印记着他们少年时代的成长历程，他们的成功绝非偶然。正是因为高度的自律、自强精神，才让他们各自走到了今天的位置。少年强则中国强，这样的足球少年越多，中国足球的未来就越光明。

我会让根宝足球基地的足球少年们，都好好读一读这本《足球少年国学课》，也希望更多的足球少年能够拥有这份特殊的礼物。“始于蹴鞠、成于规矩”，我们从哪里来？我们踢球的动力从哪里来？我们的球要踢到哪里去？有了这样的成长意识，才能成为堂堂正正的足球人，才能在国际赛场上踢出让人难忘的中国风。

做好人，踢好球；做好中国人，为中国踢好球。这是大家共同的期待，根宝也会不遗余力，继续为中国足球少年们加油！

根宝足球基地创建人

徐根宝

2021 年 6 月

始於蹴鞠
成於規矩

題2021年四月廿四日
徐根寶

目录

目录

求教篇

饮食篇

塑形篇

扫码收听音频

有任何问题请扫码关注留言

开篇
小鞠来了

翻开这本书的小队友们，大家好！

之所以叫大家“队友”而没有叫同学或者朋友，是因为我和大家一样，除了是一名在校学生，还有另外一个身份——中国足球少年。

我先介绍一下自己吧。我叫小鞠，今年十岁，球龄四年。

“小鞠”这个名字可是有来头的哟。足球起源于 2000 多年前的山东临淄，最早被称为蹴鞠（cù jū）。我的老爸是一个铁杆球迷，所以在我一出生的时候，他就给我起了这个让我非常自豪的名字。我的目标是让自己成为一名优秀的足球运动员，踢好球，参加世界杯！

平日里，老师、教练和老爸经常对我说，踢好球重要，学好文化更重要，学好中国文化尤其重要。

那么有没有一本书，既能讲明白关于足球的道理，又能让我们了解学习中国文化呢？

当然有，这本书就是《足球少年国学课》。

这本书里面有大量《弟子规》的内容，那什么是《弟子规》呢？

清朝康熙年间，有一位名叫李毓秀的人编撰了一本书——《训蒙文》。训，是教导的意思；蒙，是愚昧无知的意思。不接受教育，就是“蒙”的状态，一旦开发蒙昧、明白事理，就是“启蒙”。

到了清朝乾隆时期，有一位名叫贾存仁的人，将《训蒙文》修订整理，改称《弟子规》。这本书里讲了孝敬父母、关爱兄弟、尊重长辈、修身养性、为人处世、读书求学的种种规矩。

所以，这是一本让小朋友明白事理、懂得礼仪、学习做人的书。

写给足球少年的国学课主要讲什么呢？

在训练和比赛场上，我们要学习球技、学会合作，变得勇敢、懂得进取；在足球之外，我们要学会孝敬父母、关爱兄弟、尊重长辈。《足球少年国学课》共有十大篇章，对应着《弟子规》中的内容，映照着生活训练中的场景，讲述着中外足坛发生过的故事。这里面有我们的偶像梅西和C罗，有到现在都没有人能超越的"球王"贝利，还有中国的"志行风格""铿锵玫瑰"等。读完这十大篇章，大家就会更加明白教练说的那句话了：要踢球，先做人。

现在，让我们跟随这本书，一起走进这特别的课堂吧！

总则

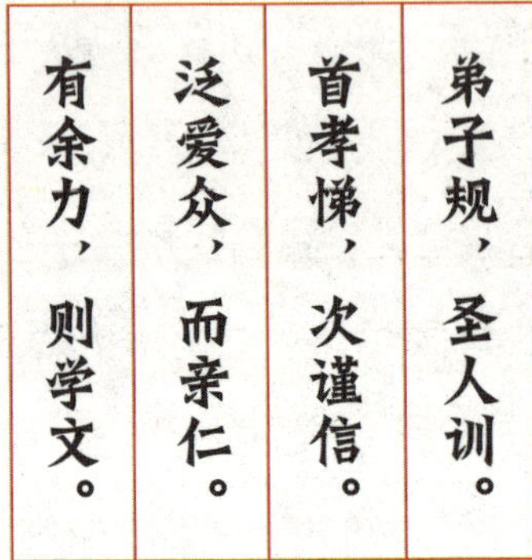

弟子规，圣人训。
首孝悌，次谨信。
泛爱众，而亲仁。
有余力，则学文。

注：

悌（tì，敬爱兄长）。

释义：

“圣人”的名字叫孔丘，他生活在距今约二千五百年前，他是春秋时期鲁国人，儒家学派创始人，是一位有品德、有智慧的人，后人尊称他为“圣人”。

《弟子规》的源头，来自孔子训导。首先孝顺父母，关爱

兄弟姐妹；其次谨言慎行，做到诚实守信；要爱世间众生，亲近仁德贤人；还有富余精力，读书求学上进。

敲黑板：

“有余力，则学文”，强调的是伦理道德和读书学问有一个本末和先后的认知过程。

孝悌、谨信、仁爱，如同树苗根基已牢。没有这些伦理道德做基础，树苗不可能长得正、长得高。

就像我们踏上绿茵场时，师长教导我们的第一句话：要踢球，先做人。

开讲：

一名球员只把球踢好是远远不够的。有两个例子，让我们看一看，然后思考一下。

善于学习和思考的“足球皇帝”贝肯鲍尔

贝肯鲍尔为什么被称为“足球皇帝”呢？是因为他当足球运动员时帮德国队夺得 1974 年世界杯冠军，当主教练时率领德国队赢得 1990 年世界杯冠军。这项世界纪录，当时只有他和巴西的扎加洛分享。1974 年至 1976 年他帮助拜仁慕尼黑实现了欧洲冠军杯三连冠，1972 年和 1976 年他两次荣膺“欧洲足球先生”，成为国际足坛首位获此殊荣的后卫球员。他在拜仁慕尼黑俱乐部担任主教练，让这家俱乐部长盛不衰；他在德国足协担任副主席，帮助德国获得了 2006 年世界杯举办权。贝肯鲍尔还在国际足联担任执行委员会委员，致力于足球运动的推广。

足球事业贯穿了贝肯鲍尔的一生，他转换过多种角色，都取得了成功。这得益于他从小就养成的两个习惯：第一是善于学习，贝肯鲍尔先生不仅是个驰骋绿茵、称雄足坛的球星，还是个喜欢读书著述和研究宗教哲学的才子。他从中国古代的哲学家老子和孔子那里汲取智慧，他尤其喜欢的一句话是“千里之行，始于足下”。第二是他喜欢思考，他说过：“球员的身体天赋很重要，但最重要的还是要学会思考。”我们都知道中后卫球员很难出名，但贝肯鲍尔作为后卫球员却能成为和“球王”贝利齐名的“足球皇帝”，主要是因为他在这个位置上开创了“自由人”踢法。贝肯鲍尔退役后，担任主教练排兵布阵，担任俱乐部高管运筹帷幄，其成功的秘诀都来自孜孜不倦的学习和思考。

集天才与任性于一身的马拉多纳

和很多出身贫寒的阿根廷孩子一样，足球也改变了马拉多纳的命运。马拉多纳曾经是足球场上的天才，是联合国儿童基金会大使，是球迷心目中的偶像。但关于马拉多纳，还有这样一句评价：如果没有足球，很难想象马拉多纳会是怎样的一个人。

1986 年世界杯，马拉多纳表现惊人，率领阿根廷队夺冠。1994 年世界杯，阿根廷队首战大胜希腊队，被大家一致看好是夺冠热门球队，但在反兴奋剂检测中，马拉多纳的尿检呈阳性。因为他的停赛，阿根廷队实力、士气一落千丈，居然被名不见经传的保加利亚队淘汰。

2008 年，马拉多纳出任阿根廷队主教练。2010 年南非世界杯南美区预选赛中，马拉多纳执教的阿根廷队居然直到最后一轮才惊险出线。在南非世界杯的比赛中，阿根廷队对阵德国队，以 0 ∶ 4 的大比分败北。马拉多纳显然不是一个好教练。2012 年被阿联酋一家俱乐部解除主教练职务后，他很长时间内一直处于失业状态。

退役之后，马拉多纳的生活和事业可谓一塌糊涂——持枪伤人，惹是生非，目中无人，他还因为长期吸毒，一度生命垂危。

当地时间 2020 年 11 月 25 日，马拉多纳突然失去意识，心脏骤停，后经抢救无效去世，享年 60 岁。人们哀悼这位巨星的离去，回忆他那些光芒万丈的瞬间，也忍不住发出这样的叹息：如果他的生活能自律一些，健康一些，也许他还能够为阿根廷足球、为世界足坛做更多的事情。

论球技和天赋，马拉多纳不输于任何人，但在人生的马拉松中，他离开得太早、太令世人遗憾。

小鞠，从一开始我们就要明白：踢好球的前提是先学会做人，延续足球生涯的前提也是学会如何做人。

起居篇

如何对待每一天的开始？

时间：7 点

地点：温暖的家

按时起床 朝起早，夜眠迟，老易至，惜此时。

洗漱清洁 晨必盥，兼漱口，便溺回，辄净手。

安静出入 缓揭帘，勿有声，宽转弯，勿触棱。

问候父母 冬则温，夏则清，晨则省，昏则定。

聆听嘱咐 父母呼，应勿缓；父母命，行勿懒。

父母教，须敬听；父母责，须顺承。

离家报备 出必告，反必面，居有常，业无变。

第一课，就从起床开始讲起吧！

小鞠不禁要问了，起床也要讲？

我们每一天的生活，其实都是由这些不起眼的小事构成的，按时起床、洗脸刷牙、收拾装备、和父母道一声早安、吃下营养健康的早餐、精神饱满地出发……能用心做好这些小事的人，才能一点儿一点儿成就大事。

就像贝肯鲍尔喜欢的那句话一样，“千里之行，始于足下”。小鞠想去参加世界杯比赛的远大目标，就始于“朝起早”。无论窗外是阳光灿烂还是风雨交加，都要先对自己喊一声：新的一天，要加油哟！

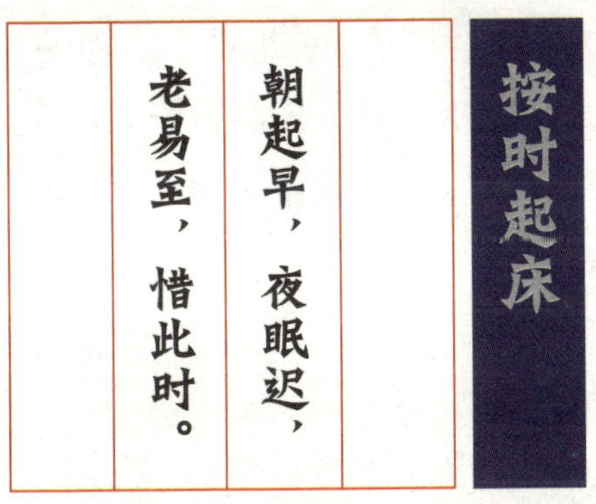

注：

朝（zhāo，早晨）。

释义：

清晨尽量早起，夜晚迟些入睡。人生岁月易老，要从“此刻”珍惜。

敲黑板：

小鞠，你知道什么东西是一去不回的吗？

时间是一去不回的。眼下这一刻，如果不抓住，它就跑了，再也回不来了。抓住这一刻，就叫“惜此时”。

人们希望能在有限的时间内做更多的事情，所以要“朝起早，夜眠迟”。要在保证休息的前提下，养成良好的生活作息。

小鞠正在长身体，要做到的就是按时睡觉、按时起床、早睡早起、作息规律。对一名球员来说，保持作息规律、保持身体健康尤为重要。

开讲：

中国足坛曾经有一位门将，身高只有 180 厘米（门将身高普遍高于 185 厘米），却担任国家队门将长达七年之久。他就是区楚良。

小个子门将取得这么高的成就，肯定有过人之处。区楚良反应迅速、技术扎实、弹跳优秀、综合实力很强，但他最常被人称道的是起床和睡觉这样的小事儿。

区楚良 11 岁就离开家在外踢球，从小养成了良好的生活习惯，无论是做球员还是做教练，区楚良几十年如一日，早睡早起，严格按照合理的生物钟安排自己的作息。

中国足球职业化初期，有些球队开始采取走训制——训练的时候大家来基地训练，训练结束后各回各家，晚上熬不熬夜、饮食合理不合理，全凭自觉。过去是把运动员集中在宿舍里，晚上统一时间熄灯，熄灯后教练还要查房，现在是队员训练结束后就都“放羊”回家了。队员们能否管好自己呢？好多教练在交流时都说：“如果每一名运动员都像区楚良那样，那我们就不用操心了。”

区楚良效力过中国顶级联赛中的四支球队，他每到一支球队，队里的替补门将都很有危机感。因为区楚良长期注重作息，身体状态良好，场上发挥稳定。他身后的年轻替补队员这样感慨：“区楚良大哥每天不到 10 点就睡觉，除了吃饭、睡觉，就是训练。不喝酒、不娱乐，这么下去，我退役了，他还在守门呢！”

2002 年，中国队第一次打进世界杯决赛圈，当时区楚良已经 34 岁了，但他仍然凭借良好的状态，入选大名单，担任替补门将。2003 年，区楚良宣布退役。

凭借出色的外语表达能力和对足球先进理念的深刻理解，

区楚良成为中国第一个获得国际足联教练培训班资格证的教练。因为他的内敛、谦和和敬业，很多足球俱乐部向他抛来橄榄枝，希望区楚良能进入自己的教练组或管理层。区楚良辅佐过多任国家队主教练，他凭借出色的外语能力和外籍教练交流颇多。“每位外教对战术的细节要求和战略追求都不同，这些年我把他们每个人的优秀的执教经验都认真记了下来。”

曾担任国足领队的于洪臣这样赞扬过区楚良：“小区这个人人品好，业务能力过硬，自律性强又能团结人，在国内的足球教练中并不多见。”

常年保持良好的状态，区楚良有什么秘诀吗？他说：“方法很简单，就是从打理好自己每一天的生活做起。”

知多一点

区楚良，出生于 1968 年，曾效力于广东宏远队、上海申花队、云南红塔队和重庆力帆队，都是铁打的主力。1997 年广东宏远队提前一轮降级，赛后，区楚良坐在车里伤心地哭了。1992 年至 1999 年，他是中国国家队“头号门神”。1994 年广岛奥运会区楚良一战成名，决赛前的 6 场比赛中，他的“城门”仅仅失守 4 次。2004 年年底，区楚良被中国足协聘为“2008 奥运之星国奥队”的助理教练，辅助德国籍主教练克劳琛，这成为区楚良担任国字号教练的开端。2019 年，李铁担任国家队主教练，区楚良则继续担任国家队守门员教练。

洗漱清洁

晨必盥，兼漱口，

便溺回，辄净手。

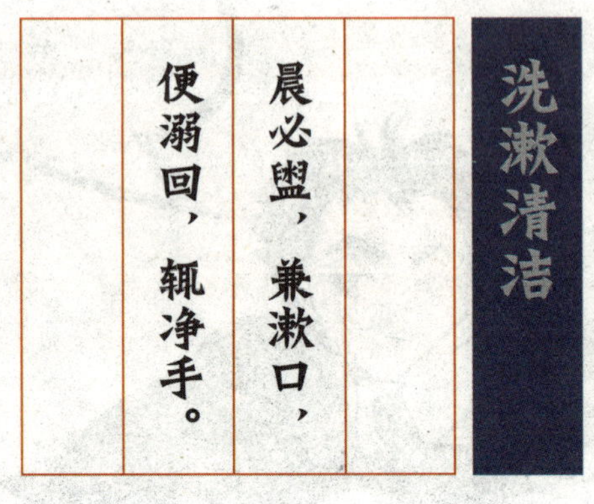

注：

盥（guàn，洗手洗脸）；溺（niào，小便）；辄（zhé，立即，就）。

释义：

晨起第一件事，洗脸刷牙漱口。大便小便结束，立即要去洗手。

敲黑板：

“必”的意思是一定要这样做，“必”的目的是养成习惯。

小鞠，你还记得吗？2020 年新型冠状病毒来势汹汹的时候，我们每个人都要做好三件事：戴口罩，勤洗手，不扎堆。洗手，多么小的一件事情，却能对抗强大的病毒。洗手也要注重细节，科学地洗手有七步：掌心对掌心，手心压手背，十指交叉摩，手握关节搓，拇指围轴转，指尖掌心揉，手腕别放过。

洗手这件小事情都有这么多细节，可见我们不能因为事情小而低估细节，细节决定成败。

开讲：

在世界足坛，有谁能把细节做到极致呢？答案是日本足球队。

日本足球队现在是亚洲数一数二的强队，但在 1992 年之前，日本足球队一直是中国足球队的手下败将。1988 年汉城（韩国首都首尔的旧称）奥运会预选赛，中国队与日本队争夺出线资格，首回合中国队主场 0 ∶ 1 告负，但中国队队员当时充满了信心，因为这场比赛中国队占尽优势，只是没有进球而已。第二回合在客场进行，中国队凭借柳海光和唐尧东的进球以 2 ∶ 0 轻松取胜。那是中国足球第一次冲出亚洲。

中国足球被日本足球赶超发生在 1992 年亚洲杯半决赛，中国队 2 ∶ 3 失利，至今也没有翻过身来。为什么日本足球能超越中国并把优势一直保持到现在呢？

一起来看一个细节：日本足球队的更衣室。

一般来说，每当球队离开球场后，体育场的工作人员都会把运动员更衣室清理一遍，把垃圾等杂物清除，同时还要拖地、擦桌子，但日本队的更衣室根本不需要清理。“就跟星级酒店

的房间一样整洁。”这是世界各地很多球场工作人员对日本队球员用过的更衣室的评价。

2018 年俄罗斯世界杯，日本队在八分之一决赛中以 2 ：3 败给了比利时队。一位国际足联官员晒出了几张日本足球队更衣室的照片，照片中的更衣室就像没有人去过一样，地面一尘不染，桌面干净得像镜子。这位官员为照片配了这样一段文字：日本队在第 94 分钟被比利时队绝杀，这是他们赛后更衣室的样子。他们向球场内的球迷致谢，随后清理了替补席和更衣室的垃圾，然后与媒体进行交流，甚至用俄语留下了“谢谢”。他们是所有球队的榜样，与他们共事是一种荣幸！

把更衣室打扫干净和球队踢球水平有关系吗？当然有关系。弱队要想成为强队，首先要靠严格的管理。“一屋不扫何以扫天下”，说的也是同样的道理。

体育评论员徐阳曾晒出一张 2015 年亚洲冠军联赛时日本柏太阳神队更衣室里贴的贴纸，上面写了四项承诺：1. 不轻易摔倒，裁判哨响之前，不停止比赛；2. 发球尽量早发；3. 换人上下场速度要快；4. 让异议和延迟零出现。贴纸上面部分写的一行小字也很有意思：“J 联赛通过四项承诺踢出了令人振奋的成绩。”什么是“令人振奋的成绩”呢？仔细琢磨下贴纸上的四条内容，我们就能明白了：充分利用球场上的时间，不要浪费在无谓的消耗上，把注意力全部集中在足球上，只有这样，才能踢出流畅的感觉，才能让观众感到赏心悦目。

再讲一个故事。1992 年日本职业足球刚刚起步时，有一位中国球员在日本大阪队效力，他就是贾秀全。当时贾秀全是亚洲最好的中卫球员之一，日本球员视其为偶像，称贾秀全为“移动的长城”，他们甚至用替贾秀全背包、擦鞋等举动和他亲近。日本球员为什么这么做呢？首先是崇拜，但更主要的是能有机会向优秀的人请教学习。所以，日本足球在亚洲崛起不是偶然的，是他们从一点一滴做起，一步一步积累的结果。

截至 2018 年，日本队已参加过 6 届世界杯足球赛，三次晋级十六强。1998 年世界杯小组赛，日本队对阵牙买加队的比赛中，中山雅史实现了日本队在世界杯历史上的第一个进球。迄今为止，日本有 14 名球员先后在世界杯赛场累计打进 20 个进球。

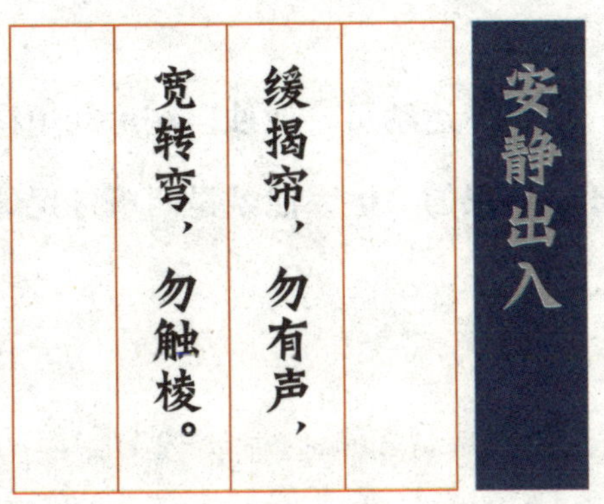

安静出入

缓揭帘，勿有声，
宽转弯，勿触棱。

释义：

掀动门帘要轻要慢，最好不要发出声音。走路转弯要大要宽，避免撞到物品棱角。

敲黑板：

这一条讲的是居家的礼仪。

开门、关门不发出声音，是不打扰其他人。走路转弯不撞上物体，是不让自己受伤。

在家里也要小心翼翼地做事，不仅是因为要注重礼仪，也是出于安全考虑。不要以为待在自己的房间里就能万事大吉，任何时候都不能粗心大意、过于放松。有一句话提醒得很对：不怕一万，就怕万一。

开讲：

有这么一位足球运动员，他独自在房间里待着，却因为不慎受伤，改变了自己的命运，他就是西班牙足球队的守门员卡尼萨雷斯。

2002 年韩日世界杯前夕，卡尼萨雷斯在西班牙国家队下榻的酒店洗澡时，不慎打翻了香水瓶，或许是出于职业球员的本能，他下意识地伸脚去“停球”，结果被摔碎的香水瓶的碎片划伤了脚。队友们都在努力备战的时候，卡尼萨雷斯的右脚却缠着厚厚的纱布，他需要拄着拐杖才能行走。作为球队原本的主力门将，卡尼萨雷斯就这样错失了世界杯的比赛。

因为这次受伤，卡尼萨雷斯被卡西利亚斯取代，从此西班牙足球队的门将进入“圣卡西时代”。此后十二年里，卡西利亚斯都牢牢占据着西班牙国家队的主力门将位置。2008 年，卡西利亚斯成为西班牙国家队队长，率领球队先后拿下 2008 年欧洲杯、2010 年世界杯和 2012 年欧洲杯的三顶冠军桂冠，缔造了属于西班牙足球的时代。卡尼萨雷斯参加了 2004 年欧洲杯和 2006 年世界杯，都是国家队替补门将，直到退役，他再也没有获得主力门将的机会。“卡尼萨雷斯的香水瓶”一度

成了西班牙国内的流行语，专门指代那些在关键时刻莫名其妙掉链子的事情。

这件事情成了卡尼萨雷斯运动生涯最大的遗憾。卡尼萨雷斯的身高只有 181 厘米，他一步步成为西班牙国家队主力门将实属不易。1993 年，初出茅庐的他获得了西班牙“最佳门将”称号，那时他还在塞尔塔队效力。卡尼萨雷斯在加盟皇家马德里俱乐部后，由于俱乐部的主教练卡佩罗比较喜欢身材高大的守门员，所以他获得的出场机会并不多。直到转会瓦伦西亚队，卡尼萨雷斯才又迎来了运动生涯的春天，他帮助球队夺得了国王杯，也为球队第一次进入冠军杯的决赛立下汗马功劳。

在西班牙国家队，卡尼萨雷斯的发展之路实属艰难。1994 年世界杯，卡尼萨雷斯作为替补门将几乎没有用武之地；2000 年欧洲锦标赛，卡尼萨雷斯才真正以主力门将身份全程打完了四场比赛；2002 年韩日世界杯时，卡尼萨雷斯的主力位置已经非常稳固，这原本是他大显身手的一届比赛，却因为不慎用脚去踢香水瓶，机会就这么溜走了。

不管什么时候，我们一定要用郑重谨慎的态度来爱惜自己的身体，保护它不受伤，也要把它锻炼得更强壮。

一个香水瓶改变了卡尼萨雷斯的命运，让他的竞争对手有了脱颖而出的机会。

机会只青睐于那些有准备的人，替代卡尼萨雷斯的卡西利亚斯已经成为传奇——2010 年南非世界杯，卡西利亚斯创造了 433 分钟未失球的纪录；2012 年欧洲杯，他率领西班牙国家队夺冠；2015 年，在西班牙队与英格兰队的比赛后，卡西利亚斯已经为西班牙队出场 165 次，并成为世界上第一位在国家队取得 100 场零封对手成绩的球员。

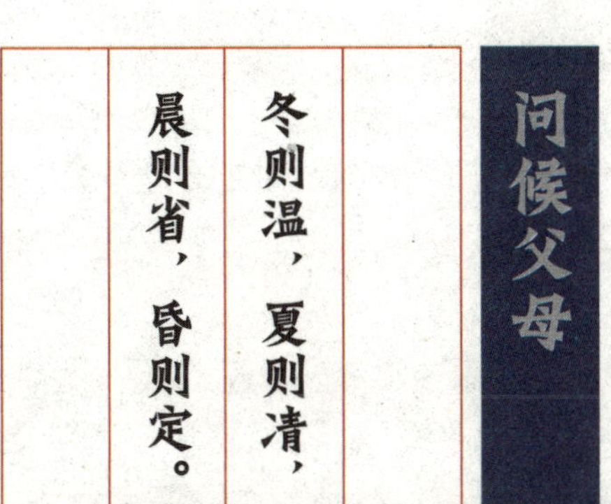

注：

清（qìng，凉）；省（xǐng，探望，问候）。

释义：

冬为双亲暖被，夏为双亲扇凉。早起问候父母，临睡要道晚安。

敲黑板：

对待父母师长，要道早安和晚安，要嘘寒问暖。一年四季，要始终如一。所谓礼节，一是要有仪式感，二是要坚持。

即使和父母天天见面，该有的礼道也不能忽略，爱是需要

表达的。

即使有一天告别了陪伴我们成长的师长，该有的问候也一定要送到。

开讲：

李铁就是这样能把问候师长这件事坚持做下去的代表。

李铁是现任中国国家男子足球队的主教练，是名满天下的国字号教头，但在一个人面前，李铁却始终是一个懂得嘘寒问暖的孩子。这个人就是张引。

张引曾经是辽宁足球的一名基层教练，李铁、李金羽、肇俊哲等球员很小的时候就开始跟着张引训练，他们这批球员，被球迷称为“辽小虎”，曾在中国足坛刮起了令人难忘的“青春风暴”。1998 年，张引被任命为辽宁足球俱乐部主教练；1999 年，张引执教的辽宁队在甲 A 联赛中所向披靡，表现抢眼。在球迷眼里，李铁、李金羽、肇俊哲这些球员是才华横溢的“辽小虎”，但在这些球员眼里，张引教练才是大英雄。

后来，张引不再担任辽宁队主教练，“辽小虎”们也各奔前程。2002 年世界杯足球赛后，李铁离开家乡，成为英超俱乐部埃弗顿队的一员。从那时起直到现在，无论走得多远，无论身份有什么变化，李铁有一个习惯始终没有改变，那就是每年都会抽出时间，看望一下自己的恩师张引，和恩师拉拉家常，致以问候。2021 年大年初二，李铁去看望恩师张引后，发了一条微博：“每年初二，只要在沈阳，我都会带着孩子去看张导！祝福张导身体健康，事事顺意！中国足球的发展可能在很多方面都要有所改进，但我认为最重要的是需要一大批和张导一样有责任心的青训教练！”

中国有一句古话：一日为师，终身为父。这句话的意思是对待老师要像对待父亲一样敬重，李铁做到了这一点。而他现在也像昔日的张引老师一样，认真、负责。在担任国家队教练后，他发表了“铁宣言”：“这是一个教练最高的荣誉，也是一份巨大的责任！我会竭尽全力，争取打造出一支能征善战、作风优良的国家队。”

李铁踢球时勤勤恳恳，是中国足坛有名的“跑不死”，他瘦弱的身体里装着一颗大心脏，他的球风朴实无华，深受历任国家队主教练的喜爱。李铁曾先后获得过“中国足球金球奖”“中国足球先生”和国家体育运动一级奖章等荣誉。

退役后，李铁成为一名职业教练，先后任职广州恒大、河北华夏幸福、武汉卓尔等足球俱乐部。2020 年 1 月 2 日，李铁出任中国国家男子足球队主教练。

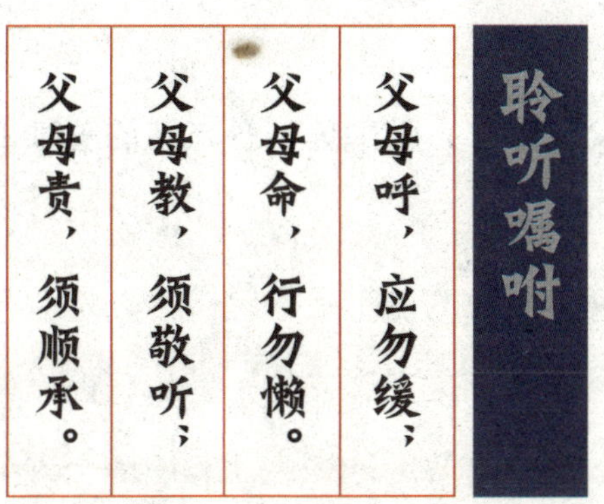

释义：

听到父母叫你，回答不能迟缓；父母指派差遣，快做不能偷懒。

父母谆谆教导，应当恭敬聆听；父母批评责备，应当顺从接受。

敲黑板：

父母是孩子人生中的第一任老师。优秀的父母不仅会照顾我们的饮食起居，还会引领我们不断成长进步。这句话里的“呼”与“命”、“教”与“责”，是父母带给我们的行为规范和人生智慧，要认真倾听，而且一定要听到心里去。

开讲：

对于“父母呼”，韩国球员孙兴慜的感触很深。

孙兴慜拥有出色的盘带及射门技术，是亚洲球员中的佼佼者。他多次当选“韩国足球先生”，也获得过亚足联“年度最佳海外球员奖”“伦敦足球先生”等诸多个人荣誉，现效力于托特纳姆热刺足球俱乐部。孙兴慜为什么能有今天的成就呢？

答案非常简单，因为他有一个“教”与“责”的父亲。

孙兴慜的爸爸孙雄政曾经也是一位职业足球运动员，28岁时因伤退役，他把对足球的热爱和执着都倾注到了儿子身上。在孙兴慜的成长过程中，他爸爸为他制定了两条铁律：一是要苦练场内功夫，二是场外生活要自律。从8岁到15岁，孙兴慜没参加过一场正式的足球比赛，取而代之的是每天约6小时的足球基本功练习。孙雄政认为，身体素质的训练以后可以弥补，但基本功如果没有练好，以后不会有多大的出息。

孙兴慜10岁那年，有一次和哥哥发生了争吵，结果爸爸给他们的惩罚是：连续颠球4个小时。孙兴慜回忆说：“在颠球差不多3个小时的时候，我眼前仿佛看到有3个足球。因为眼睛充血，看东西都是红色的。”

扎实的基本功换来的是卓越的能力，队友扬·费尔通亨在谈到孙兴慜的为人和球技时说：“我和许多人做过队友，但孙兴慜是非常特殊的一个。他非常谦逊，而且被很多人低估，他的技术、左右脚的能力都非常棒。他可以踢前锋，也可以踢两个边路，也可以踢中场，甚至可以踢边后卫，他真的是一个出色的球员！”

孙兴慜能获得队友的认可，除了球技，还有他本身整体的素质。他喜欢看书，最多的时候一年看了大约一百本书；他善于学习，早期到德甲踢球，很快就熟练掌握了德语，后来到英超也是如此；他善于沟通，能够和队友们打成一片。与欧美球员相比，亚洲球员在身体条件上不占优势，但来自亚洲的孙兴慜在英超赛场上展示出了世界级球星的水准。在谈到自己取得的成绩时，孙兴慜说他最感谢自己的父亲："我的父亲总是在考虑我最需要什么，他为我付出了所有，没有他就没有今天的我。"

2015年8月28日，孙兴慜转会英超托特纳姆热刺足球俱乐部。2019年11月，在热刺队对阵贝尔格莱德红星队的比赛中，孙兴慜在4分钟内连进两球，至此他的旅欧生涯总进球数达到123个，创造了新的亚洲旅欧球员进球纪录。2020年底，孙兴慜入选国际足球历史和统计联合会（IFFHS）评选的"2020年亚洲最佳阵容"。

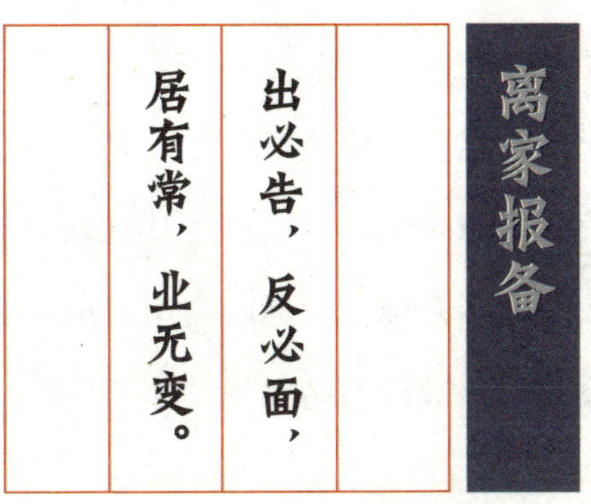

释义：

离家外出必须报告，回来当面报声平安。起居保持一定规律，做事不要轻易改变。

敲黑板：

小鞠也许会觉得，天天向父母师长报告是一件很啰唆的事情。

可是这种平常又啰唆的事情，其实是我们拥有的最真实、最触手可及的幸福——世界上最爱我们的人，每天和我们说“再见”，等着我们回家，无私地帮助我们成长，却并不一定能等到我们成功的那一天。

开讲：

乌克兰足坛有这么一位传奇教练，名叫洛巴诺夫斯基，他被称为乌克兰“足球教父”，培养了几代乌克兰球员。乌克兰足坛还有这么一位传奇球员，他叫舍甫琴科，在意甲 AC 米兰队中因为进攻犀利，被誉为乌克兰“核弹头”。

舍甫琴科曾效力于乌克兰基辅迪纳摩队，主教练就是洛巴诺夫斯基。1999 年，基辅迪纳摩队挺进了欧洲冠军杯半决赛，但是最终败给了德国拜仁慕尼黑队。洛巴诺夫斯基的最大愿望，就是希望能在有生之年拿一次欧洲冠军杯冠军。

2002 年 5 月 7 日，在基辅迪纳摩队进行的一场比赛中，洛巴诺夫斯基突发疾病，倒在了教练席上，六天后不幸去世，享年 64 岁 。2002 年 5 月 16 日，乌克兰首都基辅为瓦列里 · 洛巴诺夫斯基举行了国葬，伫立街头为他送葬的人多达 21 万。洛巴诺夫斯基被认为是一位大师级的教练，其执教理念和方法影响了很多后来者，比如：“如果一名球员不明白足球中最重要的事情是如何在无球的情况下踢球，那么他将一事无成，你必须将他踢出你的阵容。”

这位教练的墓碑上只有一行字：瓦列里 · 瓦西里耶维奇 · 洛巴诺夫斯基，1939—2002，著名足球教练。

此时，舍甫琴科已经加入 AC 米兰队。当悲伤的消息传来后，舍甫琴科发誓一定要拿一次欧洲冠军杯冠军，完成恩师的梦想。

2003 年，AC 米兰队挺进欧洲冠军杯决赛，对手是同样来自意甲的尤文图斯队。双方踢得难解难分，比赛进入残酷的点球大战，最后一个出场的舍甫琴科成为冠军归属的决定者。舍甫琴科后来回忆比赛时，说："我永远不会忘记那十几秒，我从中圈走向罚球点，那个时候你会想到从小到大的很多事情，小时候的梦想很快就能成真了。"

载誉回到祖国乌克兰仅仅不到六个小时，舍甫琴科就抱着冠军杯奖杯赶到了基辅市中心的洛巴诺夫斯基广场，将银灿灿的奖杯和一束美丽的鲜花放在恩师铜像旁边的长椅上。现场有将近两千名球迷目睹了这感人的一幕，舍甫琴科含着眼泪，解释了自己为什么一定要这样做，"这是他的梦想，不幸的是，他现在不在这里，不过我很高兴替他赢得了冠军。"

2004 年，舍甫琴科拿到"欧洲金球奖"，他带着这份荣耀再次来到洛巴诺夫斯基广场。他说："我把奖杯献给恩师，在足球场上他就是我的父亲。"

从乌克兰的一个小村庄到星光熠熠的国际赛场，从万众瞩目的领奖台再回到自己的祖国，舍甫琴科走过了非常漫长的路，就是为了告诉他的恩师一声："我们一直坚持的梦想，我替你做到了。"

2012 年欧洲杯，舍甫琴科在对阵瑞典队时的进球，让他成为乌克兰国家队历史上最年长的进球者。欧洲杯结束后，舍甫琴科宣布退役。

2016 年欧洲杯，舍甫琴科担任乌克兰国家队的助教，但球队在遭遇小组赛三连败后出局。

乌超冠军、意甲冠军、欧冠冠军、意甲金靴和欧冠金靴，对于乌克兰“核弹头”来说，近 20 年职业生涯他载誉无数，唯一遗憾的便是欧洲杯。

2016 年欧洲杯结束后，舍甫琴科临危受命，成为乌克兰队主教练，继续为祖国追逐未竟的梦想。2020 年欧洲杯预选赛，乌克兰队成为最大的“黑马”，他们在 B 组力压葡萄牙队和塞尔维亚队，以六连胜的战绩提前出线。

2021 年 6 月，舍甫琴科首次以国家队主帅身份踏上欧洲杯赛场，并率队历史性地进入八强。

如何对待学习和训练？

时间：8 点

地点：青青校园

课前准备	房室清，墙壁净，几案洁，笔砚正。
精神集中	墨磨偏，心不端，字不敬，心先病。
善待书本	列典籍，有定处，读看毕，还原处。
	虽有急，卷束齐，有缺坏，就补之。
掌握方法	读书法，有三到，心眼口，信皆要。
循序渐进	方读此，勿慕彼，此未终，彼勿起。
不怕困难	宽为限，紧用功，工夫到，滞塞通。
随时请教	心有疑，随札记，就人问，求确义。
懂得辨别	非圣书，屏勿视，蔽聪明，坏心志。
学以致用	不力行，但学文，长浮华，成何人！
	但力行，不学文，任己见，昧理真。

精神抖擞地开始新的一天，精神抖擞地走进教室。

进入课堂，首先要学会敬惜字纸，这是中国古时的优秀文化传统。老一辈的人们看到有字的纸掉在地上会恭恭敬敬地捡起来，绝不随意丢弃。人们敬重的是有字的纸吗？显然不是，人们敬重的是知识。

进入课堂，态度端正最为重要。小鞠每天面对一堂又一堂的课程，态度对了，工夫到了，思路通了，就能不断收获新的知识。

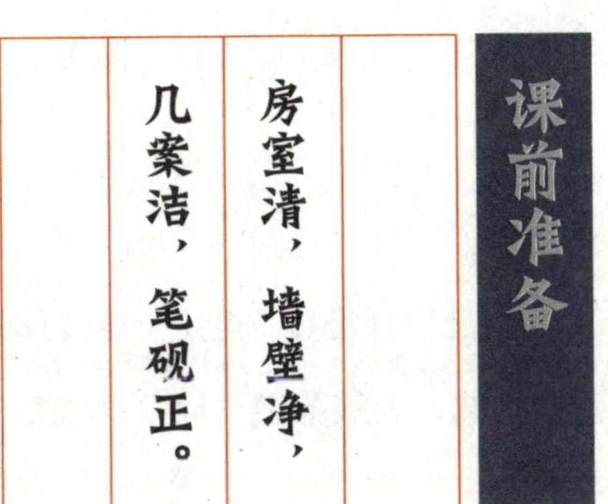

注：

几（jī）案：矮长桌。

释义：

房屋清洁，墙壁干净。桌椅整齐，文具摆正。

敲黑板：

笔、墨、纸、砚被称为中国的“文房四宝”。中国人用毛笔作为书写工具大约有三千年，书法是我国特有的一种优秀传统艺术。

这句话讲的是读书的环境，也是一种准备学习的态度。

课堂之上，摆正文具，聚精会神，聆听老师教诲；训练场上，备好装备，聚精会神，随时应对挑战。

开讲：

摆正文具，是一种态度，也是一种行动规范。对职业球员而言，没有严格的行为规范做支撑，就没有一流的战斗力。

以广州队（原广州恒大淘宝足球队）为例，他们夺取过八次中超冠军、两次亚冠冠军。广州队之所以能长期保持中国足球的霸主地位，一个很重要的原因就是球队有一整套严格的行为规范。曾有媒体披露过一份球队的管理规定（下文称为《规定》）。据了解，《规定》是队内一、二线所有球员和教练员加盟时必须签订的一份管理细则，内容共46页，有10个章节、58项条款，包含238项细则。

《规定》是与球员和教练员的合同相结合的，大家签订合同时，这份《规定》也要签名确认，表示已仔细阅读过本规章的内容，并完全了解及认同本规章的含义。同时，俱乐部会不定期组织会议，详细讲解这份《规定》的各项细则内容，务必让每一名球员在加入球队后，清楚地知道自己的责任和义务。

违反了其中任何一项细则，轻则罚款，重则停赛，最严厉

的处罚是直接开除。

不是只有打架斗殴、恶意犯规、缺席训练才会被处罚，这份队规条款里包含了很多生活方面的细节。比如日常考勤方面，不能迟到或早退，要按规定时间睡觉和起床，晚上熄灯后不能擅自外出或夜不归宿等，违反这些规定，最高罚款可达 30 万元 / 次。

比如生活行为方面，要保持训练和比赛场地、宿舍房间和外出比赛时入住的酒店房间清洁，训练用品及装备要按规定返还，不能使用大功率电器，外出、训练及比赛期间要关闭电器、切断室内电源，出席集体活动时要按规定着装……违反了这些规定即罚款，每次罚款至少 1 万元。

再比如训练行为方面，训练时会客、接电话，未经许可离开训练场，逗乐开玩笑，不按规定着装（如忘带护腿板、训练服不统一等），以及准备活动、训练当中不认真，不按要求做等，出现这些行为也要罚款。

有规定就有执行。2020 年 3 月，俱乐部发布通告称在 2 月底球队赴阿联酋迪拜集训期间，球员费南多拒不执行俱乐部和主教练的安排，严重违反队规，给予通报批评并扣罚人民币 300 万元。这是广州队史上开出的“最贵”的一张罚单。

处罚是目的吗？显然不是，处罚就是为了让球员们摆正态度。态度端正，意味着球员会精力集中、全力以赴，无论是学习、训练还是比赛，才能达到最好的效果。

2011年，广州队重返中超后就颁布了严格的“五必须”“五不准”和“五开除”管理规定。2016年，俱乐部的“三五”队规升级为“三六”队规，即“六必须”“六不准”和“六开除”。2019年，“三九”队规出台，具体包括“九必须”“九不准”“九开除”，对运动员场上、场下的行为规范提出了更严格的要求。

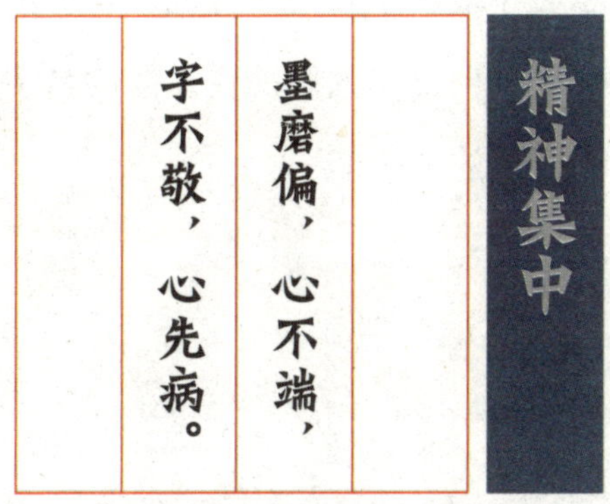

释义：

研墨如果磨偏，说明心不在焉。字迹如果不端，说明心浮不安。

敲黑板：

墨不是现成的，写字之前，要先用砚台磨墨。小鞠可以将研墨看成训练之前的热身运动。

通过热身运动，身体逐渐达到适应训练的状态。

学习之前，训练之前，比赛之前，都要先把心收起来，端正态度。这就是古人说的“敬”。

开讲：

一个人的态度不端、不敬会怎样呢？有一位超级巨星就是因为态度问题葬送了自己的大好前程，他的名字叫罗纳尔迪尼奥，也就是我们常说的“小罗”。

21岁时，小罗在法甲巴黎圣日耳曼队一鸣惊人。22岁时，小罗以核心球员的身份随巴西队夺得世界杯冠军，当时巴西队第一球星是罗纳尔多，但每个人都看得出来，没有小罗的辅佐，巴西队不可能夺冠。23岁时，小罗加盟世界上最好的俱乐部之一——巴塞罗那足球俱乐部。24岁时，小罗被评为“世界足球先生”；25岁时，小罗拿到“欧洲金球奖”，并蝉联了“世界足球先生”；26岁时，小罗被评为“欧洲俱乐部最佳球员”。

小罗的足球生涯看起来一帆风顺：成绩上，他世界杯和冠军杯都拿过；荣誉上，世界足坛个人最高的两个奖项都被他收入囊中。那时小罗风华正茂，足球运动员最成熟的年龄还没有到来。但在此之后，小罗便走上了一条一发不可收拾的下坡路：28 岁时，他转会 AC 米兰队；30 岁时，他逐渐沦为替补球员；31 岁时，他转会弗拉门戈足球俱乐部，转会费也从三年前的 2100 万欧元变成 350 万欧元。然后呢？没有然后了。38 岁时，小罗宣布退役。

国际足坛有过很多大牌球员年纪轻轻就突然不再踢球的现象，他们大都是因为受了重伤，但像小罗这种没伤没病的顶尖球员状态突然下滑非常少见。

小罗在巴黎效力于圣日耳曼队时，据他的队友透露，小罗有时候整整一周都不参加训练，比赛前一天他会戴着墨镜出现，然后跑到球队的按摩室里睡觉。

在效力于巴塞罗那队时，小罗为庆祝 26 岁生日，在一家夜总会狂欢到早晨 6 点。2008 年，他被媒体曝出留宿夜店彻夜未归，第二天早晨还打电话请假不参加训练。最后在教练组的严厉要求下，小罗带着满面倦容来到训练场，但他糟糕的状态让俱乐部高层非常生气，也让主教练里杰卡尔德彻底对他失去了信心。

在效力于 AC 米兰队时，小罗的各种八卦新闻不断被意大利媒体曝光。三年合约期一到，俱乐部几乎是用“大甩卖”的方式送走了这位“问题青年”。

小罗拥有很高的足球天赋和才华，他年轻时也很幸运。但心思不专一，态度不端正，再好的才华也会很快被消耗殆尽。觉得自己很聪明、很厉害的小罗，其实从一开始就把路走偏了。

退役后，小罗没有了稳定的收入，经济上一度非常拮据。2019年，小罗在巴西宣告破产，这位南美球星拥有的房产被巴西司法部门查封，他的护照也被扣押了。2020年，小罗因为使用假护照被巴拉圭警方逮捕，他在监狱中度过了自己40岁的生日。原本他是想去巴拉圭宣传自己的自传《天才的人生》，却变成了一出蹩脚的“监狱风云”闹剧。

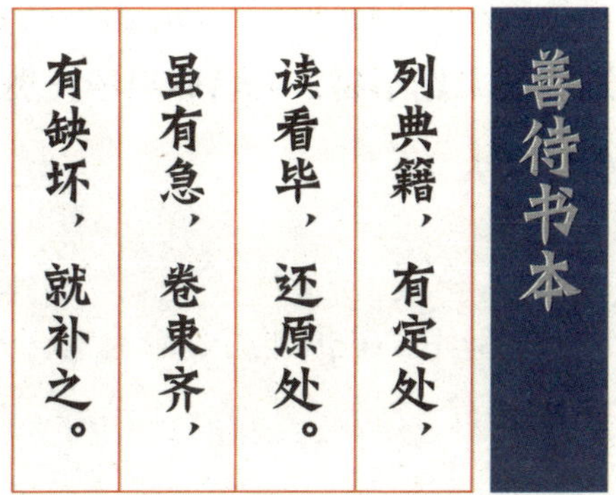

释义：

书本排列整齐，看完放回原处。就算再忙再急，也要整理有序，一旦发现破损，及时修补完好。

敲黑板：

排列整齐，物归原处，这是收纳的原则，也是管理事情的方法。善待书籍，缺损不弃，这是珍惜的表现，也是对待物质的态度。

新学期大家换新书包和新文具，穿崭新的球衣、球鞋。这些在小鞠的生活中很寻常的事情，对世界上很多地方的孩子来说，却是遥不可及的梦。

开讲：

正因为知道一切来之不易，著名球星埃托奥才会成为一个懂得怎么“花钱”的人。

1981 年，埃托奥出生在非洲喀麦隆恩孔一个小小的村庄里。他的父母生育了太多儿女，却没有稳定的经济来源，一家人只能靠东拼西凑来度日。埃托奥成名后回忆小时候说，居无定所、衣衫褴褛、毫无希望就是他那时的代名词，若不是被球探发现，他可能一辈子都是贫民窟里的小子，偶尔在街上踢几脚野球过一下球瘾。

埃托奥在西甲球队马洛卡队成名后，被巴塞罗那队相中，从此便开始了自己的成长之路。在巴萨，埃托奥是梅西最好的帮手之一，他速度很快，既能边路突破，又能破门得分，是球队第二得分手。埃托奥在巴萨几乎拿到了所能拿到的所有球赛的冠军，后来他加盟意甲国际米兰队，又帮助球队获得了阔别几十年的冠军杯。那个时候，埃托奥的年薪已经非常高了。不过埃托奥“爱钱”也是出了名的，他和俱乐部谈判时，总是千

方百计希望得到更多的钱。2011 年，他离开国米前往俄超安郅俱乐部，就是因为安郅给他开出了更高的年薪。埃托奥的离开被国米球迷们视为彻头彻尾的“拜金主义”。

埃托奥对于金钱的态度十分坦荡，他这么爱钱，是因为他有太多要花钱的地方。埃托奥说：“我来自喀麦隆，喀麦隆是我的家。我要赚很多的钱，因为喀麦隆有很多需要帮助的人，我需要更多的钱来帮助他们。”

埃托奥名下有一家基金会，主要从事三项工作：提高基础教育质量、改善基本医疗条件和发扬竞技体育精神与文化传统。在非洲，埃托奥创建了多家足球学校，都是免费向有天赋的孩子开放。现在，埃托奥基金会每年给超过 300 名非洲孩子提供进入世界一流足球俱乐部训练的机会。在国家队经费不足的情况下，他还经常自掏腰包给队友发奖金，以激励他们的斗志。他为无家可归、疾病缠身的喀麦隆国家队老队长买了一套房子，还送给他一些钱做生活费。

埃托奥利用自己的影响力举办慈善活动，呼吁欧洲人把不穿的鞋子捐给非洲的孩子，因为非洲有很多孩子根本穿不起鞋子。他资助了塞内加尔几个地区的一些贫困人员，每个月给每人资助 70 欧元。除了这些常规捐赠之外，他还经常帮助一些陌生人摆脱困境，在科特迪瓦访问时他就曾拿出 4500 欧元资助一位年轻人创业。

埃托奥小时候连鞋子都穿不上，但是当他穿上球鞋后，便成了“非洲猎豹”。因为知道没有鞋子穿很艰辛，所以埃托奥要把球鞋送给更多穿不上鞋子的孩子。

看完埃托奥的故事，面对随时可得的新书本，我们是不是应该读得更用心一些呢？下一次换上新球鞋时，我们是不是应该更懂得爱惜呢？

1998 年，埃托奥随喀麦隆队参加法国世界杯，在 6 月 17 日和意大利队的小组赛中登场，他是那届世界杯参赛球员中最年轻的出场球员。埃托奥曾经三次获得欧冠冠军，两次在欧冠决赛中打进制胜球，四次获得“非洲足球先生”称号。他也是唯一一位连续两年在不同球队获得“三冠王”的球员。

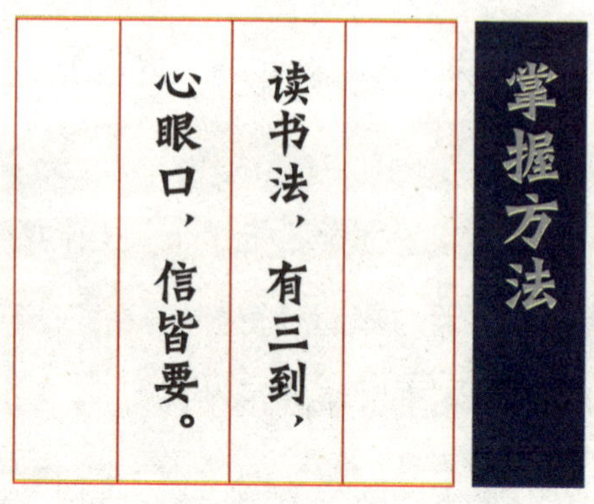

掌握方法

读书法，有三到，

心眼口，信皆要。

释义：

读书讲究“三到”：心到、眼到、口到。心想、眼看、口诵，三点都很重要。

敲黑板：

古人读书，要读出声，叫读诵。读诵，是为了让心围绕读的内容思索。

读一遍，思索一遍；思索一遍，再读一遍。心、眼、口都用上，读书才有意义。

读书时，心排在第一位。踢球也一样，用心踢球，用智慧踢球，才有可能成为一名足球大师。

开讲：

有一个叫“最强大脑”的电视节目，节目中请到的选手都是国内外非常聪明的人物，他们的大脑运行速度让人叹为观止。那么，足球界有没有“最强大脑”呢？当然有，他就是西班牙队球员哈维。

哈维效力于巴塞罗那队时，巴塞罗那队打遍天下无敌手，号称“宇宙之队”。巴萨的头号球星自然是梅西，但全队的组织核心和“中场大脑”却是哈维。很多人说是哈维成就了梅西，没有哈维的组织调度，梅西就不会有那么多进球。

哈维退役后，梅西独木难支，巴塞罗那队失去了在西甲和欧洲的统治力。很多人不禁要问，既然哈维这么重要，巴萨再签一个类似的“中场大脑”，问题不就解决了吗？但哈维是世界足坛几十年才出现的一个人才，不然怎么能把他称为“最强大脑”呢？

哈维在场上的位置是后腰，这个位置对球员的拼抢能力、跑动能力以及防守能力要求很高，踢这个位置的球员大都人高马大、身强体壮。哈维的身高只有 170 厘米，体重 66 千克，身材相对弱小，却成为无可争议的“世界第一中场球员”。

这是因为在防守时，哈维能把球运转到最安全的地方；进攻时，他能把球输送到最有威胁的地带；相持时，他就牢牢地通过各种传递控制着足球，耐心寻找机会。每一次控球、传球，哈维的大脑里都会浮现出球场上接下来的立体画面，队友和对手的跑动线路都能被他预判出来。效力于国家队时，哈维能让西班

牙队所有位置的球员的跑位效率达到最高，也能让对手跟着他的节奏逐渐迷茫。

哈维的“最强大脑”来自他的天赋，更来自他日常学习、训练中的积累和思考。提到自己的职业生涯，哈维说他很感谢荷兰著名教练范加尔。1998 年，时任巴萨主帅的范加尔把哈维调入巴萨一队。范加尔对这个 18 岁的年轻人期望极高，让他在球场上踢遍了除守门员以外的所有位置。因为期望值高，要求就更加严格，范加尔经常当众指出哈维在训练中出现的错误。面对这种严苛的训练，哈维的态度是不断反省，“如果搞不明白球场上发生的一切，那你根本踢不了球。事实上，球场上的事情远远不是用脚踢球这么简单，所以每一次反省都会让我开启一个新的视角。”

作为足球场上的大师，哈维这样告诉后辈：“我觉得在未来的足球赛场上，思想和球商才是最重要的。所谓球商，就是应对之前从未遇见过的问题的能力。换句话说，就是知道如何处理未知的情况。生活中是这样，足球场上也是这样，一种完全未知的问题，我们要学会努力解决它。”

心到、眼到、口到，再加一个脚到，学业和球技就能齐头并进。

哈维把足球定义为时间和空间的运动，寻找空间就是寻找进球的机会。有的比赛里他为了寻找空间，头会转动 500 多次。

2015 年，哈维举起了个人第四座欧冠奖杯，带着 25 个冠军，他用最完美的方式告别了巴萨。他为西班牙队效力 14 年，共出场 133 次，帮助球队获得了 2010 年南非世界杯冠军和 2012 年欧洲杯冠军。

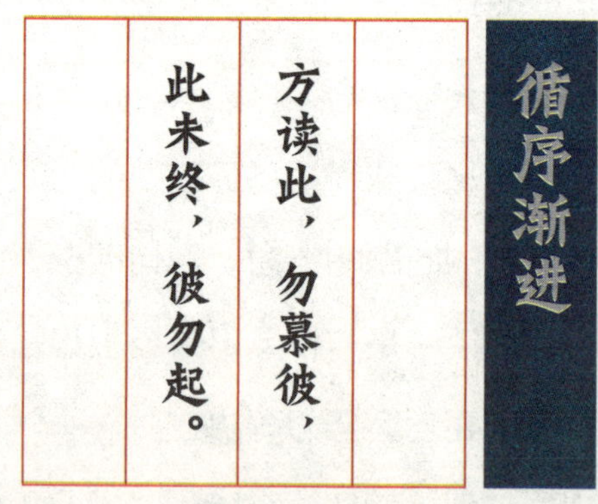

释义：

开始读一本书，不要想着其他书。一件事情没做完，不要分心其他事。

敲黑板：

这里讲的是读书、做事时不要三心二意，一定要有恒心，要循序渐进。

对于足球这项需要长期打磨的事业，可能就得花费十年、二十年的时间。

正在成长中的小鞠，需要认认真真地把今天的功课做好，而且要像前面提到的韩国球星孙兴慜那样，加倍努力地做好。

开讲：

“十年树木，百年树人”说的也是这样的道理。我们看到那些足球发达国家球星辈出，光羡慕有用吗？当然没用。我们得靠自己，“千里之行，始于足下”。

青训就是“千里之行”的起点。中国足球人用践行精神，一步步进行着长期的努力，位于山东潍坊的山东鲁能泰山足球学校就是一个例子。

鲁能足校成立于 1999 年 7 月，刚开始只有三块小球场，后来被称为“中国青训的标杆”。20 多年里，这里发生了什么呢？2019 年，学校成立二十周年，已经先后向各级国家队输送球员 230 余人，向中超、中甲、中乙俱乐部输送职业球员 260 余人。多年来，鲁能青训出来的球员在中超本土球员中的比例一直高于 10%，这是鲁能足校给中国足球交出的厚实答卷。2020 赛季，有 43 名从鲁能足校走出来的球员在中超报名，其中，在鲁能效力的有 18 名，在其他俱乐部效力的有 25 名。在这个赛季中，首轮出场的鲁能足校球员多达 24 人。

2020 年高考，鲁能足校学生吴梓岳在广西壮族自治区取得 570 分的高分，高出当地一本分数线 70 分。吴梓岳说：“学习和踢球并不矛盾。对于踢球而言，学习不是重要的而是必要的，要在态度上认可和接受学习，不能因为训练累、学习时间不够而给自己找借口不学习。”吴梓岳不是个例，鲁能足校自建校以来，有将近 300 名球员考取北京大学、同济大学、山东大学等重点高校，高考本科升学率一直保持在 70% 以上。

无论是以高考成绩引发热议的吴梓岳，还是目前正在中

超赛场征战、在校时成绩名列年级前茅的段刘愚，山东鲁能足校常与“学霸”一词同时出现在热搜榜单上。鲁能足校党委书记、常务副校长刘宝玉在接受媒体采访时说：“足球比赛是一项高智商的竞技运动，不仅比身体素质，更比球商。

学校提出了‘学训双一流’的目标，就是希望在崇尚学习的氛围中，使球员充分认识到学习的重要性，努力培养文化型、智慧型球员。这是‘学霸型球员’产生的关键。”

2020 年 7 月，中国足协主席陈戌源到山东鲁能泰山足球学校调研时，充分肯定了鲁能青训的贡献：“鲁能青训二十多年来始终脚踏实地，始终秉承‘文体并进’‘立德树人’的办学思路，尊重足球运动员成长规律，各项工作做到高标准、严要求，向各级别国家足球队和各职业俱乐部输送了大量优秀人才。青训是中国足球的基石和未来，没有扎实的青训，就不可能打造百年俱乐部和实力过硬的各级国家队。”

为了配合青训工作的展开，2006 年，“鲁能 · 潍坊杯”国际青年足球邀请赛开始举办。目前该赛事已成为亚洲地区唯一常年举办、连续性强的国际青年传统赛事，也已经成为一个重要的青少年足球交流平台。2019 年加盟马竞队的葡萄牙新星菲利克斯就曾参加过潍坊杯足球赛。

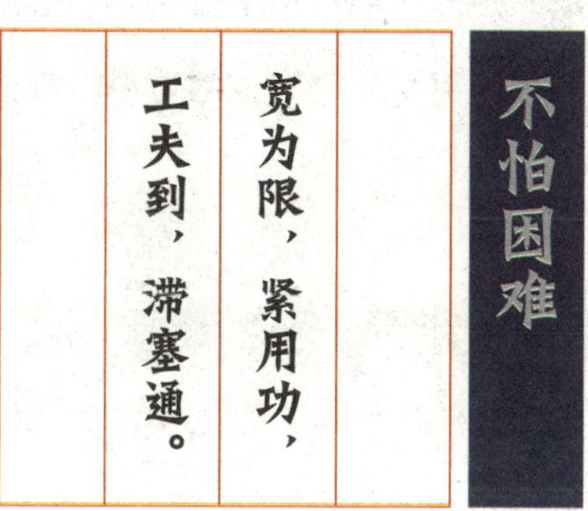

释义：

制订读书计划，不妨放宽期限，一旦开始读书，务必抓紧用功，只要功夫用到，茅塞自然解开。

敲黑板：

读书不能着急，一定要读透。细嚼慢咽，才能学到书中的知识。

开讲：

球技要细磨，熟能生巧。每个球员都想像武林高手一样，能练就一招必杀技，但每一个绝技的背后，都要付出别人看不到的苦功。

提到足球场上拥有任意球绝技的球员，就不得不说贝克汉姆了。贝克汉姆踢出的任意球在空中飞行时弧度大、速度快、落点准确，被世人称为“贝氏弧线”。

这道美丽的弧线的故事，要从贝克汉姆 7 岁讲起。7 岁时贝克汉姆每天到了晚上 8 点，就会跟父亲单独留在空无一人的球场上。父亲要求他在场边一脚一脚地去踢任意球，每次射入球门，他便会得到 50 便士的奖励。但是与 50 便士相比，贝克汉姆更在意的是足球入网时给他带来的喜悦。这种加练贯穿了贝克汉姆的整个职业生涯。无论是在青年队寂寂无闻时还是在职业队名满天下时，当全队训练结束后，贝克汉姆总是一个人留在训练场，一脚一脚地练习任意球。贝克汉姆练习任意球的方法，首先是把汽车轮胎挂在球门上，然后再让一名队友站在球门前协助他练习。贝克汉姆概括他踢任意球的秘诀是：声东击西，把球送到守门员够不到的地方。

一个武林高手的武功秘诀，除了苦练，还有“偷学”。贝克汉姆经常花时间观看其他球员踢球时的视频录像。有一位来自巴西的任意球大师叫儒尼尼奥，和贝克汉姆同岁。儒尼尼奥在法国里昂俱乐部效力时，8 年时间打进约 100 粒进球，其中有 40 多个进球都是任意球破门，在当时那个年代是任意球得分最高的球员。虽然儒尼尼奥的名气、成就、地位都比不上贝克汉姆，但贝克汉姆仍把他当作学习对象，从他那里学习技巧。

当“贝氏弧线”一次次出现在球场上时，贝克汉姆的脚也因此得到“加冕”。在《真爱至上》这部英国电影里，休·格兰特饰演的英国首相这样表达了英国的骄傲：“我们拥有莎士比亚、披头士、肖恩·康纳利、哈利·波特和贝克汉姆的黄金右脚。”

当贝克汉姆退役时，他的好友问道：“你希望如何被人铭记？一个足球运动员，还是一个功成名就的人？”贝克汉姆回答说：“我只希望人们记住，我是一个勤奋的球员，一个对比赛怀有无比热情的球员，一个一踏上球场就会倾尽全力的球员。”作为世界知名的公众人物，贝克汉姆拥有的头衔很多，光环也很多，但作为一名球员，他最让人难忘的品质就是勤奋和谦虚。

贝克汉姆球员生涯中有这样一张红牌：1998 年世界杯“英阿大战”，因为被西蒙尼的犯规惹恼，贝克汉姆在倒地之后将脚抬起钩倒对方，当即被罚出场。阿根廷队在点球大战中战胜英格兰队进入下一轮，贝克汉姆因此遭到球迷唾骂，陷入职业生涯的低谷。2002 年世界杯，贝克汉姆用一记点球完美“复仇”，阿根廷队最终在小组赛中出局。贝克汉姆在低谷时也从未放弃努力，“或许正是那张红牌，才成就了我的职业生涯。”

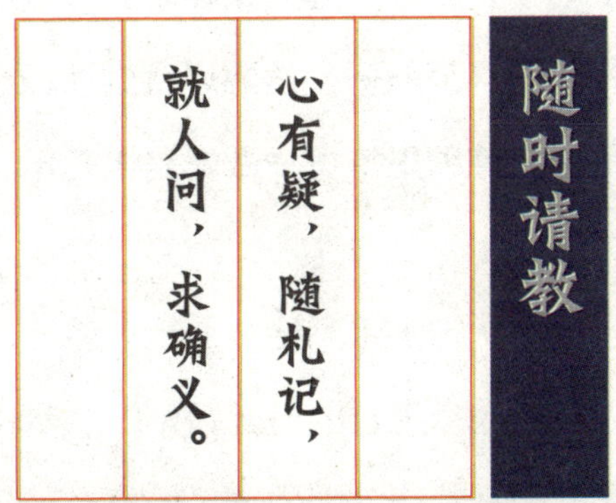

释义：

遇到困惑疑问，随手记下勿忘。请教明白的人，问明准确含义。

敲黑板：

老师在课堂上讲完知识后，问："同学们都听懂了吗？"教练在球场上讲完技术后，问："同学们都明白了吗？"大家都回答说听懂了、明白了，但小鞠心里还打着问号，没听懂怎么办？这时就要举手提问，没什么不好意思的，明明不懂却要装懂才是羞耻。

有疑问就提出来，不断追问，才能学来真学问。

开讲：

手里拿个小本子，亦步亦趋地跟在主教练后面，遇到问题就记下来，始终竖着耳朵倾听，从翻译直到助理教练，这样的事情，葡萄牙足球教练穆里尼奥一做就是十几年。

穆里尼奥是现在世界上水平最高的足球教练之一，但他的球员生涯并不成功，他参加过的最高级别的联赛是葡萄牙次级联赛，即便是这样级别的比赛，他还是依靠在球队当主教练的父亲才获得了出场机会。他的父亲被解聘之后，他的球员身份也保不住了。24 岁时，这位落寞的球员明智地选择了退役。对穆里尼奥的球员生涯的表现，人们的评价是：有出色的头脑，但在球场上既没有速度又缺乏力量。

穆里尼奥的教练生涯起点很低。1990 年，穆里尼奥从教练培训班毕业,开始在葡萄牙的低级别俱乐部中担任助理教练。他的职业生涯转折点得益于他出色的语言天赋，因为精通六国语言，穆里尼奥被里斯本竞技队相中，为英国传奇教练博比·罗布森担任翻译。罗布森去哪儿，穆里尼奥就跟到哪儿。从罗布森身上，穆里尼奥学习到了很多先进的足球理念。他在跟随罗布森执教巴塞罗那队时，第一次接触到了罗纳尔多、里瓦尔多等世界顶级球员。这些非比寻常的经历让他懂得了如何应对变幻莫测的比赛局势，“当执教这样的世界级球员时，你会情不自禁地去学习，了解如何处理人际关系。这个级别的球员不会因为说话者的权威而接受简单的说教，你必须向他们证明你的做法是正确的。在这些球员里，‘主教练永远是对的’这句话是行不通的。”

博比·罗布森离开后，穆里尼奥选择继续留在巴萨，给荷兰名帅范加尔担任第三助理教练兼翻译。范加尔并没有对这位翻译青睐有加，但从那些老照片中，我们能看到穆里尼奥拿着小本子跟在范加尔身边认真记录的样子。三年间，范加尔率领巴萨队取得西甲两连冠、国王杯的“双冠王”。穆里尼奥是旁

观者，也是认真的学习者。他在范加尔身边学到了要注重细节，“和范加尔在一起，我只提前半个小时到球场就可以了。因为自己事先就知道每一步要做什么，从训练日标到每项训练的时间，没有什么会临场改变，细节都被安排得妥妥帖帖。这让我的教练水平有了很大的提高。”

2000 年，穆里尼奥从巴萨辞职。他在一栋乡间别墅里隐居了一段时间，读了所有能够买到的与足球有关的书籍，在网络上浏览了各种有关足球战术思想的文章，观看了上千场足球比赛的录像。对这段时光，穆里尼奥有着深刻的记忆：“那是我平生第一次在 8 月份有假期。于是，我开始起草一份文件，一份关于我训练、工作的指导性文件。那里面记载了我总结的足球训练的方法和目的,以及如何达到这些目标的思考与答案。”

2000 年 9 月，穆里尼奥被葡萄牙本菲卡足球俱乐部任命为主教练，从此正式开始了他的执教生涯。穆里尼奥曾经跟随的两位教练都是非常厉害的进攻战术大师，在他独立门户后，便开启了防守反击的新门派。穆里尼奥执教的球员们足球踢得强硬、朴实、直接，将针锋相对的战术安排和快速高效的团队体系等要素发挥到了极致。后来，穆里尼奥被称为“狂人教练”和“魔力鸟”。

41 岁的穆里尼奥率领波尔图队夺得欧冠冠军。截至 2019 年，穆里尼奥执教的球队共在葡超、英超、意甲、西甲联赛中夺取了八次联赛冠军、两次冠军杯冠军和两次欧联杯冠军，而穆里尼奥也在四个联赛中均获得过“最佳教练”的称号，并四次当选欧洲足球协会联盟“年度最佳教练”，四次当选“世界最佳教练”，2010 年当选首届“国际足联金球奖世界最佳教练”。

“我的黑眼圈是熬夜的结果，因为每天晚上我都要工作到凌晨”，这是穆里尼奥的名言，也是他勤奋精神的写照。2018 年底从曼联队下课后，他认为自己近些年来有些停滞不前，希望能通过学习突破桎梏，这其中就包括认真学习德语。

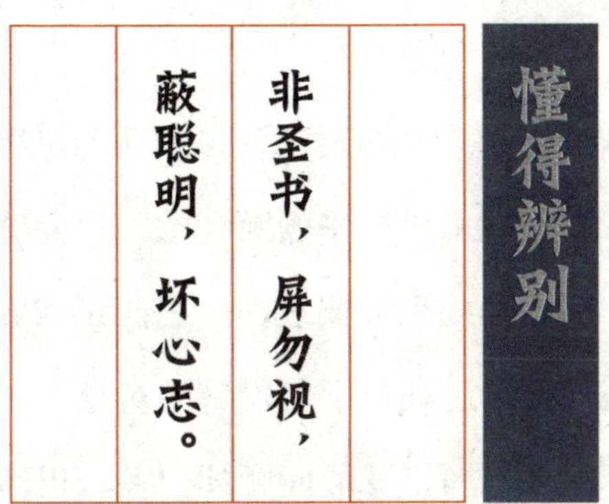

释义：

不是圣贤书籍，应该摈弃不看，不但蒙蔽智慧，还会败坏意志。

敲黑板：

记录孔子言行的书叫《论语》，记录孟子言行的书叫《孟子》。对于这两本圣贤书，古人的要求是“须熟读，须玩味，须铭记，须切己”。切己就是将书籍里的内容与自身的实践密切联系。

世界足坛高手云集、流派众多，如果一会儿看这个好，一会儿看那个好，不能“切己”，不能找到最适合自己的道路，就会迷失自我。

开讲：

巴西足球被誉为“桑巴足球”，被认为是世界上最完美的“艺术足球”，其技术风格华丽而奔放。巴西球员在绿茵场上的一招一式，很多已成为经典之作。巴西足球冠绝天下，已经成为很多国家的足球运动员学习借鉴的对象。

但这几年围绕巴西足球的问题却很多，巴西足球怎么了？

自从卡卡 2007 年拿到金球奖后，巴西球员再也没有获得过世界足坛的个人最高荣誉了。1994 年到 2006 年，先有罗马里奥与贝贝托的“双星闪耀”，后有大罗、小罗、里瓦尔多的“黄金三叉戟”。最巅峰时，巴西队仅在攻击线位置上就云集了大罗、小罗、卡卡、罗比尼奥、阿德里亚诺五位世界顶级球员。而现在，除了内马尔，巴西再找不到一位顶级攻击手和顶级进攻组织者了，现在队内名气大的球星居然是两位门将阿利松和埃德森。

究其原因，是巴西队的战术观念和青训体系走偏了路线。巴西队在很长一段时期里，球队的战术组织不够严密、纪律性较差，出现了攻强守弱、单打独斗的问题。之后，他们开始学习欧洲足球的打法，防守越来越好，战术纪律越来越强。然而，他们却丢掉了自己的传统优势。

巴西一直是欧洲职业足坛的人才库，很多俱乐部都愿意重金签约巴西的年轻球员。当巴西的青训基地把这当成了一门赚钱的生意后，问题就出现了。塑造培养一位球员的创造力和想象力不是一件容易的事情，而且周期也比较长，但如果只是培养一位合格的职业球员，那对巴西人来说真是太简单了。巴西球员的基本功都非常扎实，很容易被打造成欧洲职业俱乐部需要的“速成品”。这些球员往往十五六岁就被签约到欧洲，之后就被按照欧洲联赛需要的风格塑造了。

现在巴西的攻击手们普遍失去了前辈们那无与伦比的创造

力，除了内马尔，很多球员都成了足球机器里的一个零件。这说明了什么呢？用别人的长处弥补自己的短处没问题，但如果连自己的长处都丢失了，就会像巴西足球一样，失去在世界足坛的统治力。

最近的四届世界杯，巴西队有三届都没有打进四强，唯一一次杀进四强还是在 2014 年巴西本土举办的世界杯上，但半决赛被德国队制造了一个“1 ∶ 7 惨案”。巴西足球已经身处低谷，想要走出低谷，要做的就是重新找回自己。做自己，做最好的自己，这很重要。

巴西队是世界杯历史上最成功的球队之一，在 1958 年、1962 年、1970 年、1994 年和 2002 年世界杯比赛中五次夺冠，夺冠数排名世界第一。1970 年，“球王”贝利率领队友第三次夺得世界杯冠军，让“雷米特杯”永久地保存在了巴西。

学以致用

不力行，但学文，
长浮华，成何人！
但力行，不学文，
任己见，昧理真。

注：

昧（mèi，蒙昧）。

释义：

不去力行实践，只是埋头苦读，只会变得浮华，怎能成为典范。

只是一味做事，而不钻研学问，仅凭自己偏见，就会违背真理。

敲黑板：

“小鞠，你知道怎么才能成为球星吗？”“踢好球呀。”

“那怎样才能踢好球呢？”“刻苦训练。”

如果只锻炼身体，就犯了“但力行，不学文”的毛病。没有用知识武装的大脑，是成为不了球星的。

读书和踢球这两件事用功不能偏，偏到了一边，另外一边就会出问题。

开讲：

我们平时读书、训练，是希望能通过一次又一次的选拔，争取有一天能踏上足球最大的“考场”——世界杯。

德国门将卡恩最了不起的成绩是在 2002 年世界杯上创造的。尽管那年的德国队是德国历史上实力最弱的一支国家队，但卡恩把守的大门却是极其稳固的，德国队在七场比赛中仅丢失 3 个球，是所有参赛球队中失球数最少的。卡恩因此力挫群雄，夺取世界杯“金球奖”，他也是世界杯历史上第一个获得“金球奖”的守门员。

卡恩被大家称为“狮王”，代表着他凶狠、霸气、不可战胜。站在球门前，他的金黄的头发、他的“狮吼功”，不知道让多少前锋球员感到胆寒。但很多年后人们才发现，这位门将还有一个称号——学霸。

足球场上的卡恩是王者。他在球场上看似性格暴躁，但技

术风格以“稳”字当先。他反应迅速，扑单刀球是他的拿手好戏，永不言败的他是球队的精神支柱。曾经有一位在拜仁慕尼黑队与卡恩共事过的后卫说：“如果一场球赛听不到卡恩在身后的大声吼叫，总是感觉让人不太放心。”

足球场下的卡恩是智者。他对自己退役后的方向有着清晰的规划——继续从事和足球相关的工作。卡恩用两年时间攻读MBA，回到学校后，卡恩仍然有着足球场上那股认真的劲头。他的座右铭是：“当一个人已经站到山顶，还想更进一步的时候，他必须发展出站在自己肩膀上的能力。”

学习让卡恩赢得了更多的认可。2020 年 1 月 1 日，卡恩成为拜仁慕尼黑俱乐部董事会的成员。2021 年 7 月 1 日，卡恩接任拜仁慕尼黑董事会主席一职。拜仁俱乐部对外表示：“在经历了成功的球员和企业家生涯之后，卡恩加入董事会已经一年半有余，他曾多次参与决定俱乐部未来的关键决策。俱乐部相信卡恩是引领拜仁慕尼黑未来发展的最佳人选。”

即使以前是一名出色的、获得过很多成就的球员，现在想成为一名成功的管理者也是很困难的，不过卡恩为此做了充足的准备。离开球场后，除了学习充电，卡恩还在德国电视二台担任了 12 年的电视解说嘉宾，他的评论专业、严肃，深得球迷喜爱。此外，他每年还要进行约 20 次演讲，向球迷、听众传递他自己的想法：如何领导团队、如何鼓舞工作伙伴、如何提升整个团队的表现。卡恩说："这些事情对我肯定是有积极影响的。"

2019 年，卡恩被北京体育大学聘为客座教授。他在受聘致辞中表示，能够以客座教授的身份成为北京体育大学的一员他感到非常荣幸，希望能用自己的经验和知识帮助到中国足球的发展。在这次难忘的中国之行中，他获赠了书法作品"追求卓越"，也将职业生涯最后一场比赛所穿的球衣回赠给北京体育大学。

求教篇

如何对待师长、教练？

时间：全天

地点：全方位

长幼有序 或饮食，或坐走，长者先，幼者后。

长呼人，即代叫，人不在，己即到。

称呼有道 称尊长，勿呼名，对尊长，勿见能。

恭敬有礼 路遇长，疾趋揖，长无言，退恭立。

骑下马，乘下车，过犹待，百步余。

坐立有矩 长者立，幼勿坐，长者坐，命乃坐。

应答有度 尊长前，声要低，低不闻，却非宜。

进必趋，退必迟，问起对，视勿移。

下课后，小鞠有问题要请教，便前往老师的办公室。小鞠先敲了一下门，听到回应后，进门，然后道一声：“老师，您好！”

现在，小鞠在生活中打交道比较多的，除了父母家人，就是师长了，课堂上是老师，球场上是教练。

在我们每个人的成长过程中，师长都是非常重要的人。

古人非常注重品行修养，学师德，谢师恩。

现代社会对待师长的态度没有变。只有充满尊重和敬意，用心去聆听、去观察，才能从老师的言谈举止中，学到知识和本领。

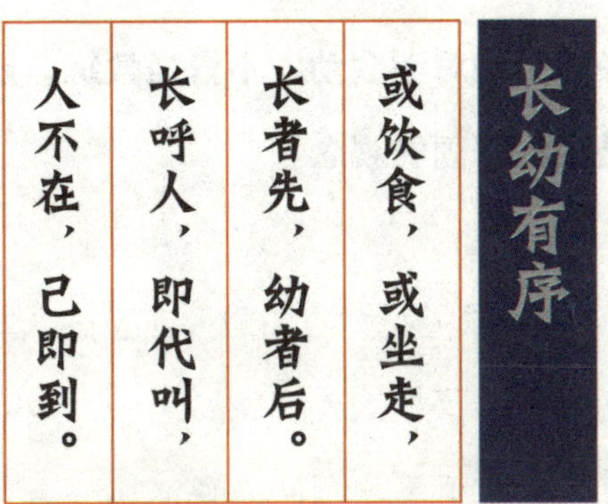

长幼有序

或饮食，或坐走，
长者先，幼者后。
长呼人，即代叫，
人不在，己即到。

释义：

无论吃饭、喝水，还是就座、行走，年长之人在前，年幼之人在后。长辈呼唤叫人，帮忙代为呼叫，所叫之人不在，立即告知长辈。

敲黑板：

这句话的重点在“长者先”，这也是小鞠和同学们对待师长最基本的态度。

开讲：

关于长幼有序的礼节，韩国足球人做得比较到位。在韩国，教练如果没有用餐，球员绝对不会坐下来。年长的球员没开始

动筷子，年轻球员绝对不会动。不管是教练，还是球员，对师长的尊敬都是根深蒂固的观念。

2009 年，韩国球星安贞焕加盟大连实德队。安贞焕当时绝对是亚洲球员中屈指可数的大牌球员之一，他曾参加过三届世界杯，曾在意甲、德甲等欧洲顶级联赛闯荡。当时在亚洲，极少有球员能达到安贞焕的高度。不过，“大牌”并不等同于可以我行我素、目中无人。像绝大多数韩国球员一样，安贞焕一直都特别尊重前辈，是一个特别守规矩的模范球员。

当时韩国“铁帅”李章洙是北京国安队的教练。安贞焕在随大连队去北京比赛时，比赛前在球场见到这位前辈，安贞焕是躬着腰并伸出双手去和李章洙握手的。比赛结束后，李章洙驱车来到大连队下榻的酒店，请安贞焕和另外一名韩国外援全雨根出去吃饭。通常来说，比赛结束后全队队员都可以自由活动，但安贞焕还是不敢马上答应，在他看来，如果要出去用餐，必须得先请示教练。最终，李章洙找到大连队主教练徐弘，替安贞焕和全雨根请了假，几个韩国人才在北京得以小聚。

其他国家的俱乐部到韩国选拔外援，作为当地人，安贞焕为人家跑前跑后地帮忙。俱乐部的人员到了首尔，安贞焕请大

家去最好的韩式餐厅用餐；到韩国的其他地方，他就开着车，帮大家联系事情。但双方俱乐部官员或教练进行交流时，安贞焕一定会回避。他说作为一名球员，他是没有资格参与这种交流会的，这是韩国足球的规矩。

安贞焕在大连队效力到第三年的时候，队中多了两名韩国球员，他们是全光真和金珍圭。在金珍圭和全光真来球队报到的第一天，安贞焕就在昆明请两人吃饭，每天带着他们到处转，向他们讲解在中国的生活和球队的情况。安贞焕处处关照两个后辈，全光真和金珍圭也处处表现出对前辈的尊重。

由于年龄的差距，这三名球员在韩国时并没有什么交往，甚至仅仅是知道相互的名字。来到中国后，三人无论在训练还是比赛时，都是同来同往，十分团结。他们在生活中也一直保持着韩国人特有的严谨。训练前他们每个人都将自己的装备准备得十分充分，从来没有丢三落四的情况出现，训练鞋总是擦得很干净，比赛服也保持得很整洁，吃饭的时候从来不剩饭。

安贞焕在大连队度过了自己足球职业生涯的最后三年，他的刻苦征服了很多球迷。2010 年南非世界杯，韩国队出人意料地招入了安贞焕。此时的安贞焕已经 35 岁，早已不是韩国顶级球星，但韩国队将他招进国家队，却赢来韩国球迷的一致欢呼。小组赛的最后一轮在和巴拉圭队交锋时，最后 10 分钟，全场的韩国球迷齐声高呼安贞焕的名字，希望这位老将能获得一点儿出场时间。尽管最后许丁茂为挽回败局，将唯一一个换人名额留给了更年轻的韩国联赛最佳射手李东国，但球迷齐声高呼安贞焕名字的那一幕，成了韩国队在世界杯历史上颇有纪念意义的时刻。

安贞焕在 1999 赛季时获得了“韩国 K 联赛最佳球员”的称号，2000 年他转会佩鲁贾队，成为韩国历史上第一位登入意甲联赛的球员。

2002 年世界杯后，安贞焕回到佩鲁贾队，却收到了一份解聘通知书。原来，意大利队在世界杯上被韩国队淘汰，意大利足坛一直耿耿于怀，认为是主裁判偏袒东道主韩国队，所以就解聘了安贞焕。那场比赛，安贞焕在加时赛中打进了一粒“金球”。

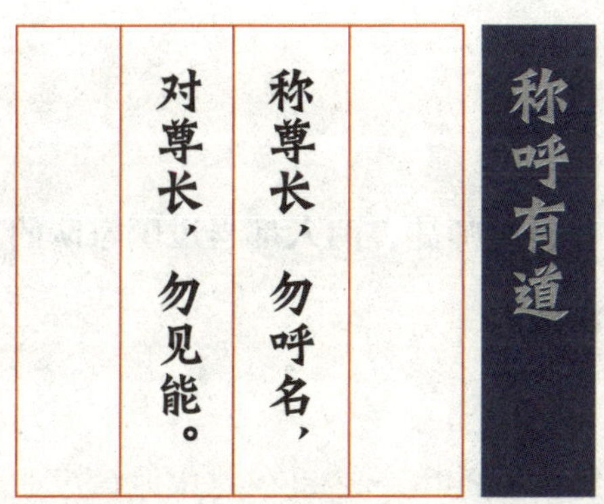

注：

见（xiàn，出现）。

释义：

尊长面前，不可直呼其名；尊长面前，不可炫耀逞能。

敲黑板：

对于老师和教练而言，他们希望每个学生都能认真学习、刻苦训练，有一天能超越他们，这就是“青出于蓝而胜于蓝”。

当有一天，“小鞠们”真的成为绿茵名将，名声远远超过当年的教练时，见到师长，可以“见能”吗？能炫耀自己有多厉害吗？

开讲：

中国足坛有一对师徒，两人都当过国家队的主帅，他们就是徐根宝和高洪波。

徐根宝教练生涯的第一站是在北京体育馆业余体校，当时高洪波 9 岁，又瘦又小但踢球特别有灵气。那个时候，训练场不能住宿，高洪波每天都要坐两个小时的公交车到体校。1976 年，唐山发生大地震，北京的震感很强烈。徐根宝凌晨被震醒，稳了稳心神，早晨他还是和往常一样出现在训练场上，心里不知道孩子们能不能到校来训练。高洪波居然还像平常一样，坐了很久的公交车，来到了训练场。那天，高洪波也是唯一一个在地震后仍然准时前来训练的队员。

空旷的训练场上，三十多岁的教练徐根宝和十几岁的高洪波面面相向，那一刻，也预示了师徒二人今后在各自事业中的走向。后来，徐根宝干脆让高洪波住在自己的宿舍里，这一住就是三年。用高洪波自己的话说："感觉就像儿子和父亲。"1988 年，徐根宝担任国家二队主教练，高洪波被招进球队。1997 年，徐根宝执教广州松日队，高洪波在场上冲锋陷阵，师徒携手带领松日队挺进甲 A。等到高洪波成为职业教练时，徐根宝已经离开职业一线队，到上海崇明岛建设根宝足球基地，当起了"娃娃王"。而高洪波先是率领长春亚泰队夺得中超冠军，随后又两次成为中国国家队主帅。2010 年东亚四强赛上，他率领国家队 3 ： 0 完胜韩国队，让国足 32 年"逢韩不胜"的纪录作古，让球迷痛快了一番。

在外声名显赫，在恩师面前始终"行弟子礼"。对于徐根宝，高洪波有一个特殊的称呼——老爷子，这个称呼相当具有北京特色。一个北京人如果这么称呼谁，首先意味着他对这个人有着绝对的尊敬，其次是两个人感情必定积淀到了一定的深度。

师徒二人并肩战斗过，也一起经历过很多特殊的历史时刻。2013年，因为恩师的召唤，高洪波自驾12个小时从北京赶赴上海助力上海东亚队。2014年10月26日，上海东亚队在中超倒数第二轮比赛中主场3∶0战胜江苏舜天队，这是他们最后的一个主场比赛。在这之前不久，上港集团已经将东亚队全资收购。巧合的是，舜天队主帅恰好是高洪波。比赛结束，舜天队队员退场之后，高洪波没有离开场地，他陪伴着从主席台上来到场内的恩师徐根宝，一起走进答谢球迷的人群中，场面伤感又温馨。和身边那些差了二十多岁的东亚队球员一样，高洪波始终都记得，自己是徐根宝麾下的一员。

赛后的发布会上，高洪波的发言十分动情："徐根宝为中国足球奋斗了一生。对于我个人来说，能够走上职业足球道路，踢球、做教练，都得益于徐指导的帮助。我从他身上学到了很多东西，我非常非常感激他。"而崇明岛根宝足球基地的荣誉室内，在指导过的弟子一栏中，徐根宝将高洪波的照片贴在了非常醒目的位置。

知多一点

2019 年，徐根宝获得亚足联“年度青训教练特别贡献奖”。2020 年 7 月 7 日，位于上海崇明的根宝足球基地迎来 20 岁生日。20 年里，徐根宝培养了武磊、张琳芃、朱辰杰等球星，输送到中超球队的球员达到 70 人。

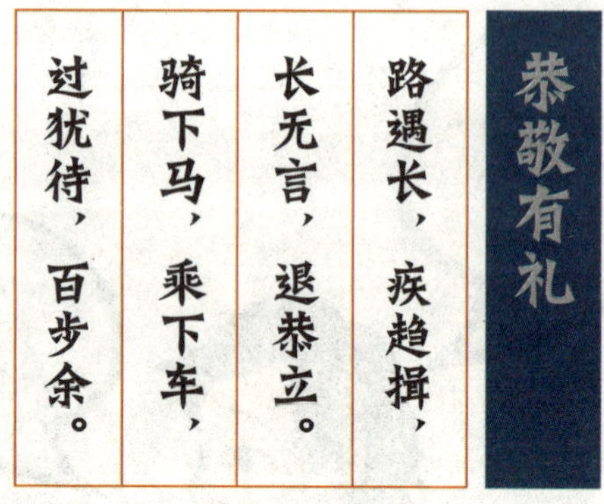

恭敬有礼

路遇长，疾趋揖，
长无言，退恭立。
骑下马，乘下车，
过犹待，百步余。

注：

趋（qū，小步快走）；揖（yī，拱手行礼）。

释义：

路上遇师长，快步上前行礼，长辈若无吩咐，退后恭敬侍立。遇到师长时，骑马赶紧下马，乘车立即下车，恭待长辈离开，目送百步开外。

敲黑板：

作揖、恭立、下马、目送，这些礼节在当代人看来，显得有些烦琐了，但在这一连串的动作里，体现着晚辈对长辈的尊重是发自内心、细致周到的。

虽然现在没有作揖礼了，但是规矩不能少。比如我们的主要交通工具是汽车，在正式场合乘坐汽车时，应请尊长、女士、来宾就座于上座，这就是一种尊重。

开讲：

“路上遇到师长，应快步上前行礼”，这样的画面也会发生在足球场上。

2019 年 1 月 20 日，国足在阿联酋征战亚洲杯，与泰国队争夺八强席位。上半场国足以 0 ：1 暂时落后，下半场国足在 4 分钟内连进两球，实现逆转。用变换阵型的方式给对手“黑色四分钟”的是时任中国男足主教练的意大利名帅里皮。

从率先进球的开怀大笑到遭遇逆转的满脸失意，泰国队主教练约戴雅德泰的心情可想而知。不过，在裁判吹响比赛结束哨声后，约戴雅德泰做的第一件事就是快步走到中国队替补席前，面带笑容地和里皮握手。在里皮面前，约戴雅德泰就像一名学生，他谦卑地弯着腰，脸上写满崇敬，握手后又双手合十、鞠躬致意。

约戴雅德泰在亚洲杯上临危受命，因为泰国队首战大比分败给印度队，所以泰国足协火线换帅，让外籍教练下课，而约戴雅德泰则成为临时主教练。约戴雅德泰上任后，泰国队先是以 1 ：0 战胜巴林队，接着以 1 ：1 打平阿联酋队，带领球队取得了小组出线权。这是泰国队自 1972 年之后，时隔 47 年第一次进入亚洲杯淘汰赛。从这一点上来说，曾经在俱乐部当过司机、厨子的约戴雅德泰也算是创造了泰国足球历史，但他没有丝毫骄矜之气，这就是泰国足球人的态度——尊敬长辈，尊重强者。泰国队从以前亚洲不入流的水平，发展到今天接近亚洲二流的水准，和他们谦虚好学的态度有很大关系。

而里皮被大家尊敬，也绝不是因为他 70 多岁还征战在一线，是因为他赫赫有名的战绩和功勋。作为主教练，里皮在意

甲曾五次率队夺得冠军，此外，他还率队赢得 1996 年欧洲冠军杯、2006 年世界杯冠军、2013 年亚洲冠军杯冠军。这样一位大人物，他又是怎么对待别人的呢？

同样是在亚洲杯赛场上，2019 年 1 月 16 日 C 组第三轮比赛，中国队对阵韩国队，中国队以 0 ∶ 2 落败。比赛结束后，里皮率先走向韩国队教练席，韩国教练组的成员见状纷纷上前迎接，并和里皮互相握手致意。当里皮要和韩国主帅保罗·本托握手时，对方显然还沉浸在胜利的喜悦中，和队员孙兴慜正滔滔不绝地做着总结。保罗·本托的助教感到不好意思，紧急打断了本托和孙兴慜的对话，告诉本托，里皮在旁边等他。此时，本托才回过神来，带着满脸的歉意快步跑过去与里皮握手，里皮则微笑着和对方握手道别。

近几年，泰国足球因为其虚心好学的精神取得了很大进步。俄罗斯世界杯预选赛上，泰国队是 12 强赛中东南亚足球的“独苗”。2019 年，泰国队在时隔 47 年后再一次取得亚洲杯小组赛出线权。最近几年，泰国足协在各个年龄段的足球队伍中统一聘请西班牙籍教练，借此机会学习西班牙足球的精髓。

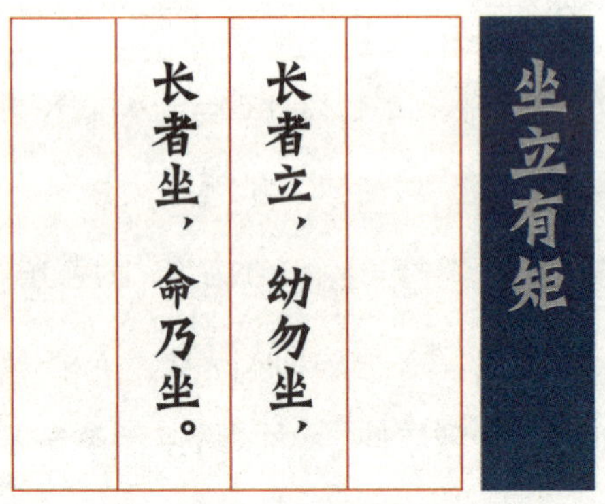

释义：

长辈站着时，晚辈不能自己坐下。长辈坐着时，晚辈听到招呼再坐。

敲黑板：

程颐是北宋哲学家。他的学生中有一个叫杨时，还有一个叫游酢（zuò）。在一个下雪的冬天，杨时和游酢去拜访老师。俩人见到老师正在闭目养神，谁也没有惊动老师，而是在一旁站着等候。等到老师一觉醒来，门外的积雪已有一尺厚了。

后人就用“程门立雪”这个成语来形容尊师重道，恭敬受教。

开讲：

没有“敬”在心里，就会惹大麻烦，比如前意大利国脚巴洛特利。

巴洛特利有三个父亲，生父、养父和他足球意义上的“父亲”。这位足球意义上的“父亲”就是意大利著名教练曼奇尼。

巴洛特利在国米队的第一个赛季一直是在梯队效力，但是时任一线队主教练的曼奇尼关注到了他。2007—2008 赛季，国米队锋线坐拥阿德里亚诺、伊布等众多好球员，但曼奇尼从热身赛开始就将 17 岁的巴洛特利加入球队大名单，在联赛和杯赛中为他争取了 11 次出场机会。巴洛特利也没有辜负曼奇尼的期望，11 场比赛中打进了 3 个球。

从国际米兰队到曼城队再到后来的意大利国家队，曼奇尼不管走到哪儿都带着巴洛特利。可惜这位“干儿子”一直在给曼奇尼惹是生非。2013 年，在曼城队训练基地，由于意见不合，巴洛特利竟与曼奇尼大打出手，这令旁边的曼城队球员和俱乐部工作人员目瞪口呆。

巴洛特利是一位天才，不过他能有这么大的名气，可不全是因为球技，更多的是来自他那些让人莫名其妙的举动。巴洛

特利曾经在家里的浴室燃放烟花，等消防员赶到后，他却说：“我正在实验火箭分离技术。”

在球场上，巴洛特利多次因为脱下衣服庆祝进球而吃到黄牌，其实吃到红牌也是家常便饭。名帅穆里尼奥曾经透露过自己率国米队时的一段轶事：当时国米队锋线受挫，米利托和埃托奥皆因伤缺阵，仅有巴洛特利一名前锋可用，然而“巴神”却在半场结束时领到一张黄牌。中场休息的 15 分钟里，穆里尼奥在更衣室没有多余的部署，他将 14 分钟的时间用在了巴洛特利身上。穆里尼奥以恳求的语气对巴洛特利说："巴洛特利，我不能改变你，但球队替补席上没人可用了！不要和别人接触，不要被别人激怒，好好踢你的球，因为你已经有一张黄牌了！"结果，下半场开场仅两分钟，巴洛特利就"染红"离场。

关于巴洛特利的做事风格，有人分析这可能和他悲惨的童年有关。巴洛特利很小的时候就被父母遗弃，然后被一对夫妇收养，这些经历造就了他独特的个性——有时候像野马一样难以管束，有时候又非常善良。别人遇到乞讨的人一般施舍几元钱，而巴洛特利一出手就是一千英镑，把乞讨的人都吓坏了。还有一次，巴洛特利缺席了训练，他干什么去了呢？原来，他碰到一个曼城队的小球迷，小球迷说自己在学校受到了同学们的欺负，巴洛特利就领着他直接找到学校的校长，要求校长彻底解决孩子被欺负的问题，所以才耽误了训练。也许正因为这样，即使巴洛特利和自己动了手，曼奇尼仍十分大度，"他就是个没长大的孩子而已"。

2018 年，曼奇尼成为意大利国家队主帅，此时的巴洛特利已经不是当红球星，很多俱乐部听到他的名字就头疼，但曼奇尼还是将其招进国家队，可惜最后收获的还是失望。2020 年，听说巴洛特利和他所效力的布雷西亚俱乐部老板闹别扭，连续数日缺席训练，曼奇尼长叹一口气说：“巴洛特利还是应该回到训练场。”在接受记者采访时，曼奇尼说了很多肺腑之言：“对巴洛特利，我爱他胜过他所做的一切，当他还是个孩子的时候我就在训练他，也给了他出场比赛的机会，有很多年里他的表现都很出色。我希望他会作出努力改变一切，希望他有一天早上睡醒之后，会意识到自己在不断浪费着自己的天赋。”

太阳报曾这样评价巴洛特利：“巴洛特利是英超赛场上最好的行为艺术家，无论是在场上还是在场下。”因为一些特立独行的表现，巴洛特利被称为“巴神”。2012 年欧洲杯小组赛，意大利队对阵西班牙队，比赛中巴洛特利获得单刀机会，但他不紧不慢地带球前行，最终球被回追的拉莫斯破坏。当时有媒体调侃称，“巴神是在思考人生”。

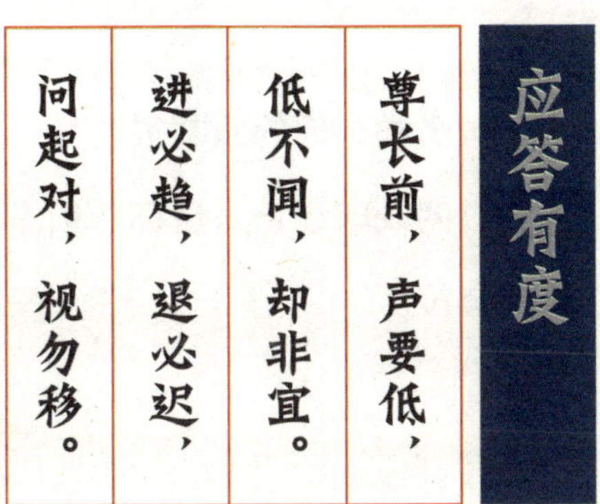

应答有度

尊长前，声要低，低不闻，却非宜。进必趋，退必迟，问起对，视勿移。

释义：

师长面前说话，声音一定要低，低到声不可闻，也不合乎礼仪。师长如果叫你，必须快步上前，说完事情告退，动作必须迟缓。如与师长对话，不可左顾右盼，眼睛必须直视。

敲黑板：

眼睛是心灵的窗户，言语是内心的表达。

每天训练结束后，所有人员自动以主教练为圆心围成一个半圆，听教练总结训练情况时，应全神贯注目视教练。如果被教练提问，一定要看着教练的眼睛，清楚流畅地回答问题。这些都是尊重师长的表现。

开讲：

国际足坛有一位名帅，他的眼睛很明亮，他就是抱着敬重的态度，诚恳求教、四处取经，为自己开拓出了非凡的视野。这位名帅就是瓜迪奥拉。

瓜迪奥拉曾是西班牙巴塞罗那队的中场核心、场上队长，后来他离开了巴萨，但是谁也没想到他会加盟意甲的布雷西亚队。布雷西亚是一家不起眼的俱乐部，实力弱，给他的薪水也不高。大家都很不理解瓜迪奥拉的选择。

瓜迪奥拉选择去布雷西亚队踢球，有两个原因：一是为了体验不同的足球风格与足球文化，为自己未来转型做教练进行更多的储备；二是即将退役的球星巴乔当时在布雷西亚队效力，瓜迪奥拉想和自己的偶像并肩作战。

瓜迪奥拉在意甲一共踢了两年，仅上场 18 次，但瓜迪奥拉经常找到教练一起分析比赛的一些战术细节。布雷西亚队教练马佐尼十分惊讶一名球员竟然有这么强的分析能力，所以教练组开会时他会经常把瓜迪奥拉喊来参会。

离开意大利后，瓜迪奥拉到卡塔尔踢了一段时间，然后他再次作出一个不同寻常的决定——去墨西哥踢球，去投奔在

那里执教的西班牙年轻教练利略。利略在国际足坛并没有太大的名气，但他在 20 世纪 90 年代，开启了“4-2-3-1”阵型的先河。1998 年，瓜迪奥拉所在的巴萨队以 4 ∶ 2 击败了利略执教的皇家奥维多队。赛后，瓜迪奥拉敲开了奥维多队更衣室的大门，向利略表达了对其执教风格的欣赏与仰慕，希望能与利略交个朋友。这令利略有些受宠若惊："面对瓜迪奥拉这种让我钦佩的球员，我怎么可能拒绝。"

瓜迪奥拉与利略在墨西哥的合作只有短短半年，但瓜迪奥拉的收获很多。利略在墨西哥有一个图书馆，里面有上万份关于足球的报纸和杂志，瓜迪奥拉几乎每天都要与利略谈论关于足球比赛的理论，而利略也竭尽所能地传授着自己所知道的一切。他还为瓜迪奥拉安排了两项任务：一是搜集对手的相关资料，精研对手战术特点，为对垒做好准备；二是授予瓜迪奥拉在球场上指挥队友、严格贯彻落实战前部署的特权。这些令瓜迪奥拉有了从情报、研判、布阵、指挥、应变及调整临场心态等的全视角体验。利略的无私分享和瓜迪奥拉的聪明、谦逊，使瓜迪奥拉很快便具备了作为教练的综合素质。

利略后来没能成为大师级教练。2019 年，他加盟中甲，将青岛黄海队带进了中超。瓜迪奥拉则成为世界名帅，他在巴萨打造了天下无敌的"宇宙之队"，发扬了风靡全球的传控风格。2008 年第一个赛季，瓜迪奥拉就率队完成"三冠王"伟业；2009 年，完成"六冠王"伟业；2011 年，率领巴萨队再次夺得欧冠冠军。之后，瓜迪奥拉转战德甲夺得冠军、转战英超夺得冠军，他被认为是世界上最顶尖的足球教练之一，但他始终把利略尊为教练生涯的启蒙老师。2020 年，担任曼城队主帅的瓜迪奥拉邀请利略出任自己的助理教练。

“他懂我，知道我关心什么。”瓜迪奥拉赞赏利略，“他能看到我疏漏的地方，也拥有特别的观察比赛的角度。在极其困难的时候，他在身边会让我感到平静。”

2006 年 10 月，瓜迪奥拉经过长途跋涉，来到了位于阿根廷罗萨里奥附近的牧场，拜访了一位被大家称为“疯子教练”的阿根廷名帅贝尔萨。瓜迪奥拉这么做只是因为他在罗马时的队友巴蒂斯图塔曾经跟他说过一句话：“如果你想成为一名教练，就必须向贝尔萨学习。”

饮食篇

如何保持健康的身体?

时间：中午 12 点

地点：餐厅

营养均衡　对饮食，勿拣择，食适可，勿过则。

绝不饮酒　年方少，勿饮酒，饮酒醉，最为丑。

还没迈进餐厅，小鞠就闻到了饭菜的香味。可是，当小鞠看到今天的餐食搭配时，忍不住皱起了眉头——里面有自己最不爱吃的胡萝卜！虽然知道吃胡萝卜对身体好，可小鞠还是在脑子里偷偷畅想了一下：要是这一大盘菜都是炸鸡该多好啊！

那么把饭吃对，对一个球员有多重要呢？

法国名帅温格曾经说过：“食物就像燃料一样，如果你给你的车加错了油，那这车肯定没法发动。”温格在阿森纳队上任后，调整了球队的饮食结构——减少糖和肉类，牛排和果酱蛋糕卷从菜单中去掉，增加了花椰菜等蔬菜，并坚决拒绝了薯片和啤酒。他带领阿森纳队共获得过三次英超冠军、七次英格兰足总杯冠军和六次英格兰社区盾杯冠军。

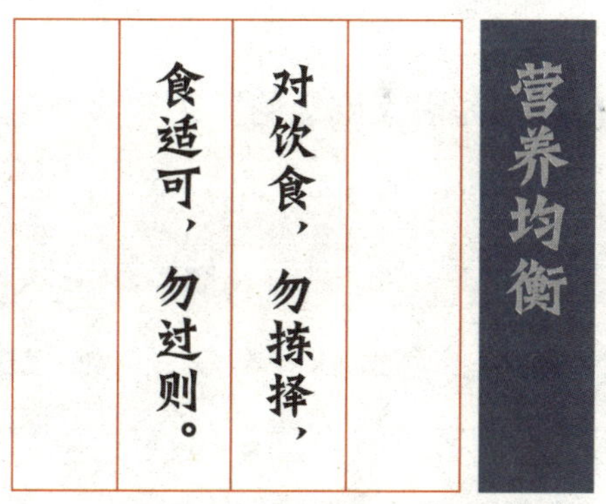

释义：

饮食应当全面，不可挑挑拣拣。进食适可而止，千万不可过度。

敲黑板：

饮食勿拣择，一方面指的是对食物的态度，一粥一饭，当思来之不易，不能好吃的多吃，不好吃的就丢掉；另一方面指的是营养的搭配，就好比良药苦口一样，有些吃起来不顺口的食物，却对身体很有好处，该吃就得吃。

民以食为天，吃饭是大事。对运动员而言，如何科学地吃饭更是大事。

开讲：

一位优秀的球员是怎么吃饭的？让 C 罗来示范一下。

当 C 罗在曼联队踢球的时候，他曾邀请队友埃弗拉到家中吃午饭。埃弗拉接到邀请后非常高兴，心想像 C 罗这样年薪过千万的巨星，午餐应该特别丰盛！结果，埃弗拉在 C 罗家中的餐桌上只看到了三样东西：沙拉、白水煮鸡肉和水。埃弗拉很疑惑，想着后面肯定还会有其他大餐上桌，但实际上什么都没有了，就只有这三样东西，并且白水煮鸡肉也是毫无味道，毫无口感可言。

让埃弗拉更想不到的是接下来的运动“加餐”。刚吃完饭，

C 罗就开始练球，并且还让埃弗拉陪自己一起练球，然后去游泳池游泳，结束之后去按摩，蒸桑拿。从此，埃弗拉便有了经验："当 C 罗邀请你去他家吃饭的时候，我建议你不要去，

直接拒绝他就行了。因为这个人是一台‘机器’，他永远不会停止训练。”

“C 罗请吃饭”由此成为一个欢乐的故事。2019 年，在欧足联颁奖仪式上 C 罗和梅西相聚，热聊中 C 罗邀请梅西下次去他家共进晚餐，球迷们纷纷在社交平台上给梅西留言：“别去 C 罗家吃饭，他其实是想让你和他一起去训练！”

玩笑的背后是大家对 C 罗的赞许，因为这位巨星真的把自律做到了极致。C 罗曾经在接受采访时谈到自己的饮食习惯——吃高蛋白食物，大量摄入谷类、水果和蔬菜，不吃含糖量高的食物，少食多餐，这样可以确保训练时有足够的能量供给，同时又不摄入过多的脂肪。C 罗还非常重视自己的睡眠，坚持保证充分的睡眠时间，“睡得好是非常重要的，这会帮助我在训练中保持最大的效率。”

2021 年 6 月，欧洲杯 F 组首轮，在葡萄牙队对阵匈牙利队的赛前新闻发布会上，C 罗作为队长与主帅桑托斯一起出席。当他坐下准备接受采访时，C 罗首先注意到了自己面前的两瓶可口可乐。一个自律的人眼睛里显然是揉不得“沙子”的，C 罗皱着眉头迅速地将两瓶可乐挪开，随后拿起了旁边的矿泉水。这似乎在示意大家：只有水才是健康的。

因为超高的自律精神和职业素养，36 岁的 C 罗仍然保持着年轻时的状态，肌肉形态也维持在较好的水平，体形比现役的大多数的年轻球员还要出色。这么多年过去了，C 罗一直是世界上最好的球星之一，也是职业球员的典范。

2019 年，梅西拿到个人第六个“金球奖”，成为历史上获得“金球奖”次数最多的球员，比 C 罗多一个。C 罗还能追上吗？可以从埃弗拉的话里找找答案，“C 罗和队友费迪南德打乒乓球，费迪南德击败了他，我们都在为费迪南德尖叫，输了的 C 罗非常不开心。然后，C 罗去买了一张乒乓球桌，在家训练了两个星期后，当着大家的面打败了费迪南德。”

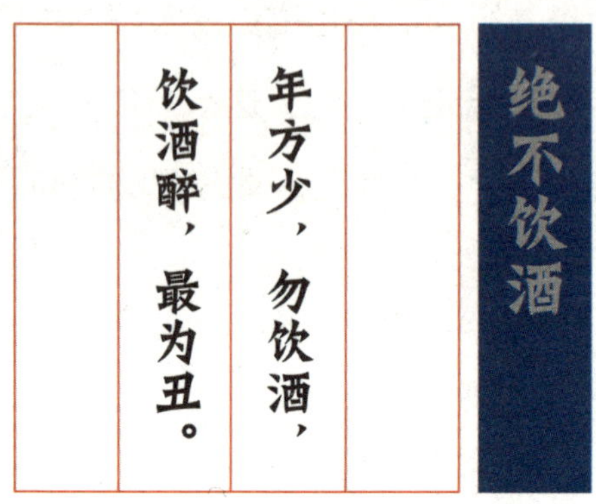

绝不饮酒

年方少，勿饮酒，

饮酒醉，最为丑。

释义：

年龄还小，千万不要喝酒，一旦喝醉，失态模样最丑。

敲黑板：

吃要科学，饮有讲究，白开水是首选，绝对不能喝酒。酒装在瓶子里很安静，但装到小鞠的肚子里，就会翻江倒海，无事生非了。

有多少绿茵豪杰，最后都是栽倒在酒瓶里，小鞠一定要引以为戒。

开讲：

大名鼎鼎的英格兰球员加斯科因，就是倒在了酒杯里。

加斯科因成名于 1990 年世界杯，那时英格兰队是纯粹的力量型打法，球队里面技术细腻的球员寥寥无几，加斯科因却是英格兰足球史上技术细腻，最具想象力的天才之一。1990 年世界杯半决赛时，英格兰队在点球大战中输给了德国队，加斯科因失声痛哭。他泪流满面的样子感动了很多球迷，那时的加斯科因年仅 22 岁，一颗巨星正冉冉升起。

1996 年欧洲杯，他在与苏格兰队的交锋中打进一粒精彩的吊射，这个进球成为当届欧洲杯最佳进球。但是这样一位被全英格兰看好的足球天才，被酒精毁了一生。

英格兰足球曾经有着浓重的“酒精文化”，而加斯科因又特别不懂得节制，经常在酒吧里喝得烂醉如泥。有一次，他在比赛的前一天到酒吧喝酒，第二天乘坐飞机前往比赛地时，还处于醉酒状态。在飞机上，他因为醉酒损坏物品被媒体曝光，球场天才一瞬间成为负面人物。

1998 年，加斯科因在生活和事业上遭受双重打击，因为无法忍受他放纵的生活方式以及长期酗酒的恶习，加斯科因的妻子选择了和他离婚。1998 年世界杯，英格兰队也没有将加斯科因招入队中。这两件事情彻底将加斯科因击垮。这一年，他酗酒更加严重，在喝下大量威士忌后被送往医院。他还一度沾上了毒品，状态大幅度下滑，最后甚至连健康都成了大问题。

2003 年，加斯科因加盟了中国甲 B 球队甘肃天马队，签订了一年合同，然而两个月后他就消失得无影无踪了。2004 年，加斯科因宣布退役，结束了自己的球员生涯。2008 年，加斯

科因在纽卡斯尔的街头因行为怪异，被警方送进医院。2010年，加斯科因执教英格兰低级别联赛球队，最后也无疾而终。曾经有一家媒体发出全民呼吁：请求英国境内各大酒吧、商店以及球迷不要把酒卖给加斯科因。媒体希望能够借此拯救加斯科因的生命，但加斯科因依然嗜酒如命，即使全英格兰人都在帮助他，也无法将他从酒精中拯救出来。

2013年，加斯科因突发疾病被送往医院抢救。出院后，他的生活穷困潦倒，不到50岁的他看起来像个70岁的老头儿。加斯科因在清醒的时候曾经说："是酒精害了我，我现在都不敢照镜子。"

酗酒是指无节制地过量饮酒。酗酒能降低甚至丧失人的自控能力，会对身体造成致命的影响。酗酒的人是不会幸福的。

塑形篇

如何拥有健康的形象？

时间：全天

地点：全方位

说话清楚 凡道字，重且舒，勿急疾，勿模糊。

走路从容 步从容，立端正，揖深圆，拜恭敬。

切忌歪斜 勿践阈，勿跛倚，勿箕踞，勿摇髀。

衣冠端正 冠必正，纽必结，袜与履，俱紧切。

置冠服，有定位，勿乱顿，致污秽。

整洁得体 衣贵洁，不贵华，上循分，下称家。

若衣服，若饮食，不如人，勿生戚。

懂得上进 惟德学，惟才艺，不如人，当自励。

今天的训练太累了，走出球场，小鞠就一屁股瘫在了草坪上，不想起来。好不容易走到更衣室，换下的衣服，小鞠也不想收拾。

看上去是心疼自己一小会儿，但一小会儿加一小会儿，不好的习惯就养成了。所谓“行端坐正”，就是走路身子要挺直，坐着身子要端正，用爸爸妈妈的话说，就是站有个站的样子，坐有个坐的样子。

为什么我们看有的球员总是那么舒服呢？比如孙兴慜，他笑起来就像一个亲切的大哥哥，和别人交流的时候总是那么得体。孙兴慜穿上战袍就是一位勇士，穿上西装就是一位绅士。道理很简单，他在苦练球技的同时，还用自律打造出了阳光健康的形象。这个形象既包括一流的身材，也包括精神面貌。其实每个人都可以通过努力，让自己变得更好看。

形象的建立来于言行举止，这就要求我们从学说话开始。

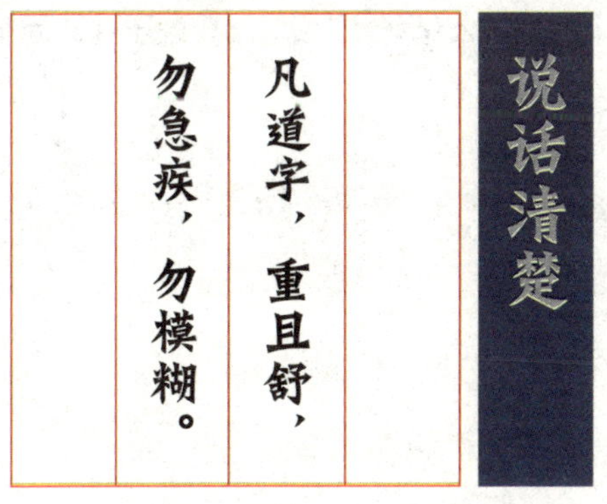

释义：

说话发音吐字，要稳重且舒缓，不要太急太快，不要含糊不清。

敲黑板：

人为什么要说话？为了表达，为了让别人更了解你；为了沟通，为了和别人之间更好地达成共识。

说话是一门艺术。在日常的生活工作中，越善于沟通的人取得成功的概率就越高。在瞬息万变的球场上，球员越能在第一时间领会教练的意图，越能第一时间把意图传达给队友，球队取得的合力就越大。

开讲：

什么话该说，什么话不该说，这个分寸，谢晖有话要说。

谢晖是上海人，是一位非常善于沟通的球员。2000 年，谢晖加盟德乙亚琛俱乐部，第一个赛季，他出场 13 次，打入 6 个球；第二个赛季，他出场 24 次，打入 14 个球，创造了中国球员在欧洲单赛季的最高进球纪录，谢晖本人一度还高居德乙射手榜榜首。

当时，谢晖并不是中国最好的前锋，只能说是边缘国脚，始终未能在国家队站稳脚跟，他却在国外取得了很不错的成绩。同时期曾有多名中国球员去欧洲踢球，其中，孙继海靠的是过硬的个人实力，他是当时曼城队铁打的主力右后卫；杨晨遇到一位非常欣赏他的主教练，球队的战术打法也非常适合他；而谢晖靠的是出色的沟通能力，使他能完美地融合到球队中。

谢晖从小在家庭的耳濡目染中，掌握了出色的外语能力。他对西方的饮食爱好、风土人情都有相对深刻的了解，这些也成为他职业生涯的一大优势。退役后的谢晖担任上港队的助理教练，先后辅佐过埃里克森、博阿斯、佩雷拉等教头，成为外籍主帅和中国本土球员之间的沟通的纽带。博阿斯执教上港队期间，认为武磊在比赛中经常错失良机，一度想将其弃用。谢晖直接跟博阿斯讲清了弃用武磊的利害关系。最终，博阿斯被说服，继续用武磊踢主力，最后终于等来了武磊的爆发。

善于表达，善于沟通，让谢晖的教练水平逐步提升。2020 年，谢晖出任中甲南通支云队主教练，成为国内足坛令人瞩目的少帅之一。但 2021 年 8 月的一次酒后视频事件，让

谢晖的职业生涯受到一定影响，他在和一帮所谓的朋友喝酒聚会中，逞一时口舌之快，结果被人拍摄视频发到了网上，事后谢晖公开道歉，辞去球队主教练职务，并进行了反思：“作为业内人士，我的言行应该更加专业严谨。”

在充分表达了对南通支云俱乐部和球员的歉意和不舍之后，谢晖说：“无论什么也改变不了我对足球事业的初心，离开不是害怕，不是逃避，而是为了更好地出发。接下来我会去德国学习深造、沉淀，为再次整装待发做准备。”

这是谢晖因为“说话”而付出的代价。人生的路很长，每个人都要慢慢学着成长，学会怎么去表达，学会怎样去说该说的话。

知多一点

武磊和前辈谢晖一样，也踏上了留洋踢球之路，目前效力于皇家西班牙人俱乐部。

当年在根宝足球基地，武磊的文化课成绩一直名列前茅。他最喜欢的是英语课，因为在那个时候他就已经有了到更高水平联赛踢球的梦想，“可能觉得英语以后会用得比较多，所以学得比较投入。”加盟西班牙人俱乐部之后，武磊开始进行西语的学习，希望能够更好地和队友进行沟通。

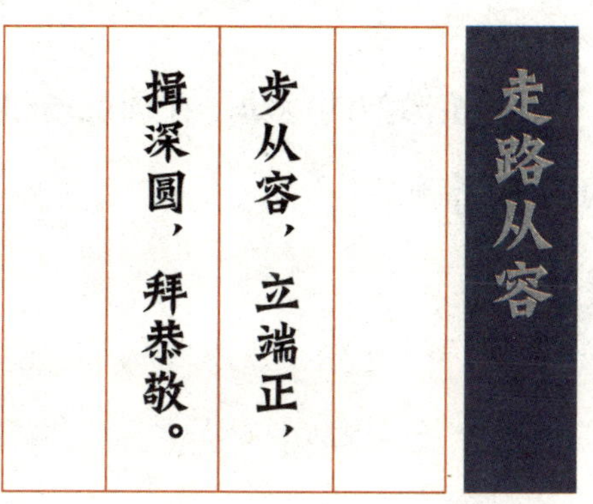

释义：

走路从容不迫，站立端正有度，作揖弯腰到位，跪拜恭敬认真。

敲黑板：

虽然现在已经没有作揖和跪拜的礼仪了，但是步伐从容、站立端正没有改变。

一次又一次，一天又一天，直到养成习惯，举手投足，自会落落大方。

开讲：

足球是一项对抗激烈的运动。在训练场和比赛场上，怎么才能做到端正和从容呢？

有这样一位世界级球星，既是球队的“射门机器”，也是一位球场上的绅士，他就是英格兰队著名前锋莱因克尔。在长达 18 年的职业生涯中，莱因克尔从来没有得过一张黄牌或红牌，这个纪录在现代职业足球历史上无人企及。莱因克尔也因此在 1991 年获得国际足联颁发的“公平竞赛奖”。

莱因克尔的绅士风范首先表现在态度端正，他正确理解了自己的职责。1985 年英格兰联赛，莱因克尔以进 24 球被评为最佳射手，1986 年他又以 34 个进球蝉联这一称号。莱因克尔表示："作为前锋球员，必须时刻保持头脑的冷静，这样才能更敏锐地捕捉机会，发现空当。"他的技术动作简单实用，最突出的能力就是在门前寻找最可能破门的位置并利用最简单的方式，完成破门。

其次是心态从容，要善于控制情绪。激烈的对抗中难免发生冲撞，作为前锋更容易受到侵犯，但不管球场上发生什么变故，莱因克尔始终保持心态平稳，只对事不对人，用技术说话，靠进球打败对手。退役后，莱因克尔担任了一家电视台的解说嘉宾。最近这几年，因为在解说足球比赛时对梅西的夸赞，莱因克尔成了足球圈内的头号"梅吹"。他夸赞梅西的一个很重要的原因就是梅西为人很低调、不张扬，一门心思踢球："他不表演，不跳水（足球运动中"假摔"的另一种说法），不报复，他是年轻人的榜样。"

即使达不到莱因克尔和梅西那样的高度，但努力做一个"不表演、不跳水、不报复"的谦谦君子，这样的球员，走到哪里也都会受到欢迎的。

1986 年的世界杯是属于马拉多纳的，他挥舞出“上帝之手”拿走了冠军奖杯。但莱因克尔凭借 6 粒进球，成为历史上第一个也是时至今日唯一一个夺取世界杯最佳射手的英格兰队球员。

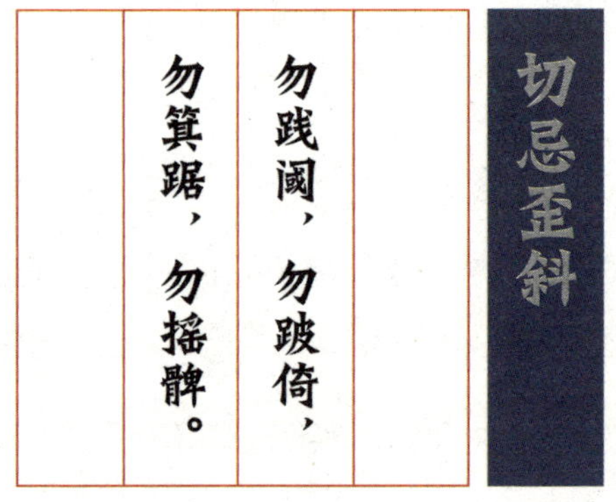

注：

践阈（yù，踩踏门槛）；跛（bǒ，偏倚）；箕踞（jī jù，一种不礼貌的坐姿）；摇髀（bì，摇晃大腿）。

释义：

切勿踩踏门槛，切勿偏倚斜靠，切勿坐姿无礼，切勿坐时抖腿。

敲黑板：

四个“切勿”告诉我们的是要学会收敛。这种强制性规范，是让四肢安定听话，四肢各守本分，怠慢、傲慢之心就会慢慢消磨，恭敬、谦和之心则会逐渐增长。

古代圣贤决非故意为难人，他们坚信用规矩可以调教出君子。

开讲：

有规矩和没规矩的区别，对比一下卡卡和罗比尼奥就知道了。

卡卡出生于1982年，和他同时代的还有一位巴西天才，名叫罗比尼奥，俩人并称为“巴西双煞”。

2003年，卡卡被AC米兰队相中，迅速成为“红黑军团”的头号核心。第一个赛季他打进10粒进球，赢得了登陆欧洲后的第一个联赛冠军。2006—2007赛季，卡卡打入8球，被评为意甲联赛最佳球员和最佳外援。欧冠赛场上，卡卡协助AC米兰队第七次夺取冠军，并以10粒进球成为当届最佳射手，赛后，他被评为最佳球员和最佳前锋。2007年，卡卡被评为“世界足球先生”，他荣获“金球奖”，奠定了自己在世界足坛上的历史地位。

罗比尼奥比卡卡小两岁，出道后被誉为“贝利二世”“盘带大师”“单车少年”。他的职业生涯起点很高，在皇马队夺得西甲冠军，在AC米兰队夺得意甲冠军，但后来的“贝利二世”变成了“夜场男孩”，他是小罗在AC米兰队时期的夜店玩伴，不良作风屡次被媒体曝光，接连被卷进各种丑闻和官司中。2015 年，罗比尼奥短暂加盟广州队，半个赛季为广州队出场 10 次，留下 3 粒进球。

卡卡与罗比尼奥为什么画出了两道不同的人生轨迹呢？一个细节就能说明这一切。2007 年世界杯南美区预选赛，巴西队以 5 ： 0 狂胜厄瓜多尔队。赛后，罗比尼奥前往夜总会，和一帮朋友喝得昏天黑地。而卡卡在赛后做的第一件事则是回酒店，和家里的亲人通电话。这件事被媒体曝光后，球迷对卡卡更添敬意，因为卡卡在那场比赛中独中两元，是巴西队获胜的头号功臣，他显然比罗比尼奥更有资格庆祝。

卡卡代表了足球中美好的那一面——球场下的卡卡低调内敛、温文尔雅；球场上的他技艺超群、潇洒飘逸。贝利曾说卡卡是世界上最好的球员。卡卡恪守职业规范，没有不良嗜好。每次进球之后，张开双臂、仰望天空、双手指天，这些是卡卡的招牌动作，他从来不曾浪费他的天赋。

受多年的伤病困扰，2017 年，卡卡宣布退役。AC 米兰俱乐部的官方微博发布了一段卡卡长途奔袭的视频，同时写道：“那个追风少年，承载着我们的青春。”

2003 年加盟 AC 米兰队时，出生于 4 月 22 日的卡卡选择了 22 号球衣，希望让“22”这个无人问津的数字因为他而变得伟大，他做到了。2020 年，AC 米兰俱乐部贴心地给昔日的“米兰王子”寄去了下个赛季最新款的球衣。卡卡晒出了自己身穿最新款米兰队 22 号球衣的照片，还开玩笑地写道：“准备新赛季，然后去米兰。”

衣冠端正

冠必正，纽必结，
袜与履，俱紧切。
置冠服，有定位，
勿乱顿，致污秽。

注：

履（lǚ，鞋子）。

释义：

帽子应当戴正，衣带应当系好，袜子以及鞋子，都要贴切合脚。脱下帽子衣服，放在固定位置，不可乱扔乱放，以免弄脏弄乱。

敲黑板：

在训练和比赛中，鞋子和袜子的重要性是不言而喻的。除了了解它们的功能，掌握使用它们的方法，还要规范穿脱、摆放。

我们脱下鞋子，能乱扔乱放吗？当然不能。正确的做法是两只鞋子脱下来，一左一右、头尾一致、头并头地放好。如果是和队友们一起脱鞋，那大家的鞋子必须一双接一双地摆正放好，就像一支队伍一样整齐。

开讲：

现代足球起源于英国。有一位英国绅士给这项运动树立了一个标杆：球员也可以十分优雅，这不是一种刻意的装扮，而是一种自觉的修养。

1965 年元旦，足球运动员斯坦利 · 马修斯被英国王室

授予“爵士”头衔，成为第一个获得这一爵位的现役球员。当时马修斯即将迎来自己 50 岁生日，是的，50 岁的马修斯仍然是一名职业球员。50 岁零 5 天，他在斯托克城队对阵富勒姆队的比赛中，完成了自己职业生涯的最后一场比赛。这个纪录，直到 2017 年 3 月 5 日，才被 50 岁零 7 天的日本球员三浦知良打破。

马修斯出生于 1915 年。1931 年，16 岁的他成为斯托克城俱乐部的球员，辗转几支球队之后，在职业生涯的后期，他又回到了这座城市，直至退役。马修斯职业生涯的高光时期发生在布莱克本队。1947 年，经历了战火洗礼的马修斯重回绿茵场，主教练兴奋地说："你很有实力，希望你能再踢两三年。"没想到马修斯一踢就是 6 年。6 年间，布莱克本队 3 次杀进足总杯决赛。夺冠的那场比赛发生在 1953 年，布莱克本队以 4 ∶ 3 击败了博尔顿队。虽然马修斯的一位队友打进 3 个球，但这场决赛还是被大家称为"马修斯决赛"，电视上也反复播放着马修斯魔术师般地突破博尔顿队后防线的精彩镜头。

职业生涯参加过上千场比赛，打进上百个进球，马修斯在很多方面都是时代的佼佼者。他不吃红肉、远离酒精，并注意避免过度劳累，保持体形；他甚至订制自己的球鞋，使它们轻盈松软，更加贴合自己的脚。赛场内，他挺直着身体，高昂着头，每一个动作都充满美感，被人们誉为"盘球大师"；赛场外，他是西装革履的绅士，衣着整洁。队友有时和他开玩笑说："你这身打扮看起来怎么像一位爵士似的？"马修斯很认真地回答道："等着看吧，我会成为一名爵士的。"

退役之后，马修斯开始周游世界。每到一个地方，他都倾尽心力传授足球知识，非洲人民曾这样评价马修斯："对我们，他怀有母亲对孩子般的真挚的爱，广阔无边、无比深沉。"

1990 年，有人给马修斯这位传奇人物写了本自传，但当时已经 75 岁的马修斯，拿到这本书之后，很长一段时间都不敢打开看。他说："我就是个普通人，怎么能为我写一本书呢？"2000 年 2 月 24 日，马修斯走完精彩的一生，在斯托克城的家中安详离世。"球王"贝利对媒体说："今天，我们失去了足球界的一位伟人，是他教会了我们应该如何踢足球。"

1939 年，当德国入侵波兰、英国对德国宣战的时候，马修斯刚刚 24 岁，这个年龄正是足球球员最好的年龄。随着战争的发展，马修斯告别绿茵场，加入英国皇家空军开始服役。经过六年战火的洗礼，马修斯幸存了下来，并得以延续他的足球生涯。

1956 年，《法国足球》杂志开始评选"金球奖"，41 岁的马修斯力压皇马巨头迪斯蒂法诺，成为历史上第一位"金球奖"得主。

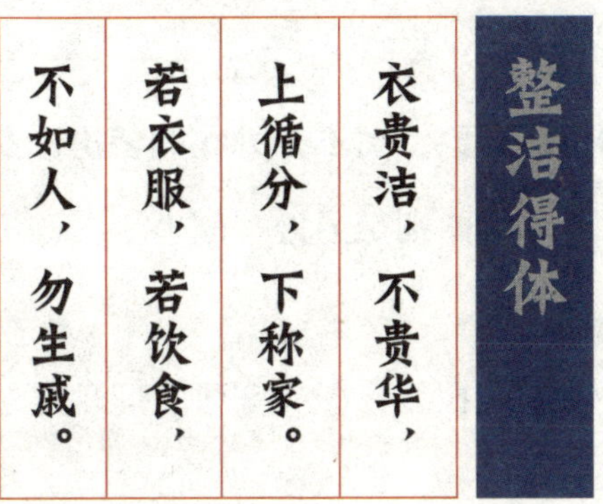

整洁得体

衣贵洁，不贵华，
上循分，下称家。
若衣服，若饮食，
不如人，勿生戚。

注：

分（fèn，名分或者身份）；称（chèn，适合，相当）。

释义：

衣着贵在整洁，不必追求名贵，首先合乎身份，其次考虑家境。对于衣服饮食，切莫盲目攀比，即使不如别人，不必自卑生气。

敲黑板：

穿衣服来保护自己的身体，吃东西来养育自己的身体，随气候而换衣，定时刻而进食。

如今社会，随着物质生活的不断改善，如何抵制那些“华而不实”的诱惑，是每个人都要去面对的问题。

开讲：

一个人的整体形象，离不开外在的装扮，衣着整洁得体是一回事，一味追求华丽则是另外一回事。

这里虽然说的是衣装，但其实可以理解为是对待金钱的态度。作为世界第一运动，足球受到了很多的关注，球星的薪水很高，但很多高薪球员退役后不久便宣布破产，这在普通人看来非常不可思议——他们踢球时挣的钱，应该是一辈子都花不完的，怎么会破产呢？

足坛的奢靡之风始于 20 世纪 60 年代。随着电视机在欧美的普及，越来越多的球员明星化，新型足球运动员产生，他们更加自信、更加有型，甚至有些自以为是，他们还是时尚精品店和夜店的常客。

英国球员乔治·贝斯特就是其中的一位。当时，乔治·贝斯特和荷兰球员约翰·克鲁伊夫都是欧洲最佳球员。同样的天才选手却选择了截然不同的生活方式。克鲁伊夫爱惜钱财，爱惜自己。克鲁伊夫小时候家庭条件不好，因营养不良导致他身体瘦弱，他小时候的愿望就是加入阿贾克斯足球俱乐部。7 岁时，克鲁伊夫就开始自学踢足球。没有场地，他就去家附近的

海边；没有球鞋，他就光脚踢球。正因为有这样的经历，他行事低调，丝毫不张扬。

至于贝斯特，在职业生涯最鼎盛的时期，他为自己购置了一辆白色的捷豹跑车，还与他人合开了一家精品店，饮酒则一直是他生活的一部分。这样的生活很快就毁掉了这位足球天才，贝斯特退役时才 27 岁。1984 年，贝斯特因酒驾滋事，入狱三个月。2005 年 11 月 25 日，他在伦敦一家医院因病逝世，享年 59 岁。

在乔治·贝斯特退役的那一年，约翰·克鲁伊夫随荷兰队夺得了世界杯亚军，荣膺世界杯最佳球员，入选世界杯最佳阵容。1985 年，克鲁伊夫开始执教生涯。1993 年，他率领巴塞罗那队夺得俱乐部历史上第一座欧洲超级杯冠军。2005 年，也就是乔治·贝斯特逝世的那一年，克鲁伊夫被欧足联官方杂志评为改变世界的 19 名足球运动员之一。

克鲁伊夫的名字在阿姆斯特丹和巴塞罗那两座以他命名的球场里永远闪耀。

克鲁伊夫也曾经有一段深刻教训，他曾经是一位香烟爱好者。1991 年 2 月 27 日，43 岁的克鲁伊夫做了心脏搭桥手术，当时的主治医师在手术成功之后对克鲁伊夫说："再抽一根烟，你就不要再来找我了。"克鲁伊夫显现了惊人的毅力，几乎"秒戒"香烟。戒烟成功之后，克鲁伊夫拍摄了一部名为《吸烟导致你死亡》的戒烟宣传片，"我是约翰·克鲁伊夫。我的一生中有两大爱好——足球和香烟。足球给了我一切，而香烟差点带走了这一切。"

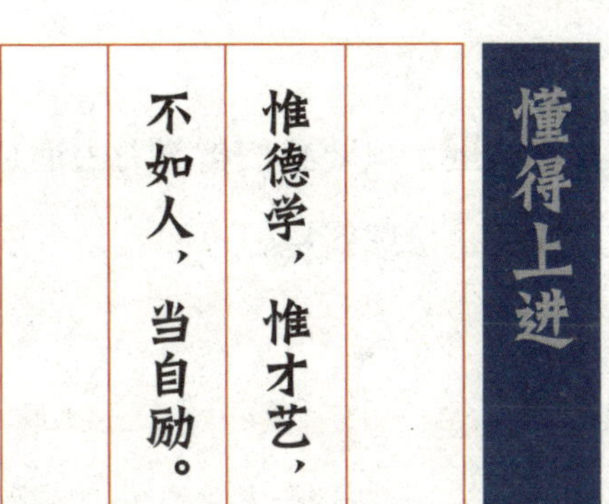

释义：

道德学问及才艺，己不如人当自励。

敲黑板：

一味追求物质的人，最终会被欲望所吞没。小鞠要思考的是：自己想成为什么样的人？自己要去追求什么？

在寻找和确立自我形象的过程中，我们选择的偶像很有可能就是我们自己未来的形象。

开讲：

偶像其实并不遥远，只要我们肯努力去追赶。有一位足球少年就做到了，他就是足球新星姆巴佩。

法国球星姆巴佩出生于 1998 年，他参加 2018 年俄罗斯世界杯时还不到 20 岁，却表现出众。在小组赛第二轮与秘鲁队的比赛中，姆巴佩打进了他在世界杯的第一个进球，以 19 岁 183 天的年龄成为法国世界杯历史上最年轻的射手。在与阿根廷队交锋时，下半场比赛的第 60 分钟后，姆巴佩在 5 分钟内独进 2 球，此前只有“球王”贝利做到了这一点。最终，姆巴佩和队友一起捧起了世界杯金杯。

就在姆巴佩声名大噪时，一张老照片被媒体翻了出来，随即这张照片传遍全世界。这张照片拍摄于 2012 年，当时姆巴佩才 14 岁，照片中他与 C 罗站在一起，笑成一朵花。之所以这么开心，是因为 C 罗就是姆巴佩的偶像。少年时代，姆巴佩的房间里贴满了 C 罗的海报，他当时给自己定下一个目标——成为 C 罗那样的球星。

确立了目标后，姆巴佩就非常刻苦地训练。他一直是同龄队友中最出色的那个，同时也是最认真的那个。当小伙伴们结

束训练离开训练场后，姆巴佩还经常留下单练。有人问姆巴佩：“你已经是全队最好的那个了，为什么还要练得比其他人多？”姆巴佩回答：“我不光要成为全队最好的，我还要成为全世界最好的。”在姆巴佩眼里，C 罗就是全世界最好的！

现在的姆巴佩早已获得各种荣誉——“法甲最佳新人”“法国足球先生”“世界杯最佳新秀”“国际足联年度最佳阵容”等等。可在姆巴佩眼里，这仅仅才是开始。C 罗五次获得“金球奖”，三次获得“世界足球先生”，与偶像相比，自己还差得很远呢。

球场之外，姆巴佩也追随着C罗的步伐。C罗是三个慈善机构的大使，是全球“最慈善运动员”。2020年新冠疫情期间，C罗就通过社交媒体送来鼓励和祝福，希望中国人民早日战胜疫情。姆巴佩则取自己出生的1998年的数字“98”，每年向法国98名家境贫寒的少年提供资助，培养能在社会上独当一面的有用之才。与此同时，姆巴佩还向教孩子体育运动的慈善团体进行捐赠，希望孩子们能在体育运动中获得积极向上的人生态度。

谁都无法保证姆巴佩一定会成为全世界最好的足球运动员，但全世界的人都看到了，他是怎么一步步在接近全世界最好的足球运动员。

绿茵弟子规

足球少年国学课（下）

丛云　编著

青岛出版集团 | 青岛出版社

图书在版编目（CIP）数据

足球少年国学课. 下 / 丛云编著. — 青岛 : 青岛出版社, 2021.11

ISBN 978-7-5552-2781-6

Ⅰ. ①足… Ⅱ. ①丛… Ⅲ. ①青少年 - 足球运动②中华文化 - 青少年教育 Ⅳ. ①G843.2②K203

中国版本图书馆CIP数据核字（2021）第179619号

书　　名　足球少年国学课（下）
编　　著　丛　云
总 策 划　马军鸣
发起单位　山东省足球运动协会
指导委员会　王　毅　许铁军　戴方波　胡仲华
　　　　　　李晓毅　吴　际　吴　昊
故　　事　贺晓龙
漫　　画　孙闻婧
封面图片　孟　达
出版发行　青岛出版社
社　　址　青岛市崂山区海尔路182号（266061）
本社网址　http://www.qdpub.com
邮购电话　0532-68068091
责任编辑　陈　宁
版式设计　王戈力　郭姗姗
制　　版　青岛乐喜力科技发展有限公司
印　　刷　青岛新华印刷有限公司
出版日期　2021年11月第1版　2021年11月第1次印刷
开　　本　32开（890mm × 1240mm）
印　　张　11.125
字　　数　110千
书　　号　ISBN 978-7-5552-2781-6
定　　价　90.00元（上下册）

编校印装质量、盗版监督服务电话　4006532017　0532-68068050

目录

团队篇

自律篇

亲情篇

目录

友情篇

上场篇

扫码收听音频

有任何问题请
扫码关注留言

千里之行
始于足下

如何更好地融入集体?

时间:全天

地点:更衣室、训练场、比赛场

知己知彼	己有能，勿自私；人有能，勿轻訾。
确立榜样	见人善，即思齐，纵去远，以渐跻。
修正错误	见人恶，即内省，有则改，无加警。
保持节奏	事勿忙，忙多错，勿畏难，勿轻略。
共同进步	行高者，名自高，人所重，非貌高。
	才大者，望自大，人所服，非言大。

从学习知识到提高技艺，小鞠每一天都在努力，想争取成为更好的自己。

可是，今天小鞠心情有点儿不太好。训练课上分组练习，队长小齐认为小鞠传球不到位，在更衣室里说出了自己的想法。小鞠觉得队长不给他面子，表示很不服气。俩人为此闹得有点儿不愉快。小齐和小鞠，应该怎么解决这个问题呢？

有一位叫季羡林的学者曾经说过，一个人活在世界上，必须处理好三个关系。这三个关系，用简单的话来说，就是自己和自己的关系、自己和他人的关系、自己和大自然的关系。

小鞠管理好自己的生活，管理好自己的情绪，管理好自己的形象，这是处理好了第一种关系。第二种关系，在足球这项运动中也是非常重要的。在团队中，我们来看看应该怎样和队友相处，怎样找到自己的位置。

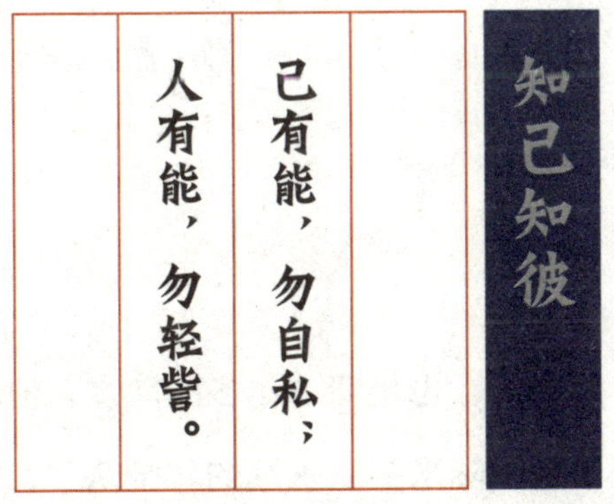

注：

訾（zǐ，毁谤，非议）。

释义：

自己拥有才能，切勿自私独用；他人才华出众，切勿轻言毁谤。

敲黑板：

在团队中，最需要戒除的是自私和嫉妒，最需要发扬的是包容和协作。

如果每个人都能在团队中找到最适合自己的位置，都能把自己的优点发挥到极致，这样的团队就能拥有一流的战斗力。小鞠在集体生活中，首先要学会拥有一颗“大心脏”，心大了，世界就宽了，偶尔和队友之间有点儿磕磕碰碰，也都不是事儿了。

开讲：

他是巴乔的队友，也是罗纳尔多的队友，但这些巨星也难掩他的光彩，他是国际米兰队永远的“萨队”，他的名字叫萨内蒂。

2014年5月，国际米兰队主场对阵拉齐奥队，比赛过程中，北看台上出现“J-Z-4（哈维尔·萨内蒂，4号）”“萨内蒂，米兰城传奇”等巨型横幅。国米官网刊文，以“19个赛季、16个冠军和10个理由”来阐释“蓝黑队魂”的伟大之处。19年的时光，萨内蒂用无私和奉献的精神，铸造了这段传奇。

22 岁，萨内蒂从阿根廷启程。国际米兰俱乐部是他的目的地，也成为他球员生涯的终点。从一开始，萨内蒂对自己的定位就是做一名球员，而不是明星，他在足球场上竭尽全力，在场外毫无声息。他没有什么爱好，生活中除了训练场就是家，甚至连米兰的大牌服装店也没去过，更不要说酒吧和夜店了；他身边的明星队友换了又换，只有他像“超人”一样，依旧留在米兰的球场上不知疲倦地奔跑。萨内蒂勇敢地面对着一次次挫折和失败，2001 年 5 月的“米兰德比”，国米队 0 ： 6 惨败 AC 米兰队，比赛结束后，所有球员都迅速离开了球场，只有萨内蒂一个人留在球场，接受记者的“拷问”、承受球迷的嘘声、面对外界的责难，他红着眼圈重复着一句话：“对不起大家，但请相信我们，我们会振作起来。”

1999 年，萨内蒂接过队长袖标，从此他真正地成为“蓝黑队魂”。2010 年，国米队在 45 年后第三次获得冠军杯冠军，并成为首支加冕“三冠王”的意大利球队，与拜仁慕尼黑的决赛，恰好是萨内蒂第七百次为“蓝黑军团”出战。

告别赛场的那一刻，这位队长的战袍上已经写满荣耀，一个特制的队长袖标，展现了“永远的萨内蒂”：袖标上写满了 19 年来和他共事过的队友的名字，这是一种铭记，更是一

种感谢。萨内蒂非常感谢他曾经的队友们，比如对巴乔：“我对巴乔抱着巨大的钦佩，他在实力和激情之间取得了理想的平衡。”巴乔则表示：“我永远不会忘记我曾经和萨内蒂这样伟大的球员、伟大的男人一起踢球。”

萨内蒂退役后，国际米兰俱乐部决定将他的 4 号球衣封存，作为对他永远的致敬。作为崭新的开始，萨队的身份变为国米俱乐部副主席。

国际米兰俱乐部的主席是中国人张康阳。

2016 年 6 月 6 日，苏宁宣布旗下苏宁体育产业集团以约 2.7 亿欧元的总对价，通过认购新股及收购老股的方式，获得国际米兰俱乐部约 70% 的股份。2018 年 10 月 26 日，国际米兰足球俱乐部宣布，张康阳成为新主席，他也是俱乐部史上最年轻的主席。

2021 年，意气风发的国际米兰队打破了尤文图斯队的垄断，取得意甲联赛冠军。

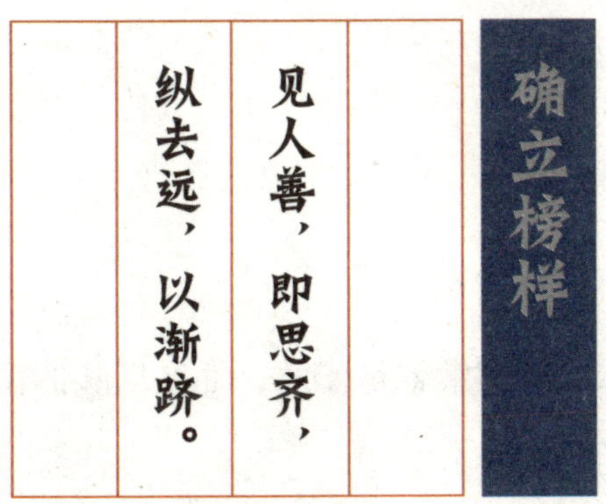

注：

跻（jī，上升，登）。

释义：

看到他人善行，就想跟他看齐，就算差距尚远，也要努力提升。

敲黑板：

球队中有不同的角色，有的角色受到的关注相对多一些，球衣号码同样如此。比如 10 号就是巨星穿着最多、最有魅力的号码之一，身穿 10 号球衣的球员通常不仅是球队的技战术核心，还经常扮演着球队精神领袖的角色。

不过归根到底足球是一项团队运动，无论踢什么位置，只要充分展现出自己的角色能力，就能从不起眼的“配角”变成“主角”。

开讲：

意大利球员加图索就是如此，他在后腰的位置上，为自己赢得了“神犬”的美名。

1999 年，21 岁的加图索加盟 AC 米兰队，转会费高达 800 万，这笔费用在当时很高，引起的争议也很大：一是因为

加图索来自刚刚降级的弱队，根本没什么名气；二是因为加图索作为中场，技术相对粗糙，传球组织能力一般，就是能拼善抢，属于“打手”一类的防守型中场。所谓“打手”，就是说这类球员在场上主要是干“脏活”“累活”的，他们必须不知疲倦地跑动，同时要限制住对方的中场核心。

加图索的长相，与中国古典小说中的张飞、李逵等人物形象非常相似。他留着浓密的胡子，瞪着圆圆的眼睛，在球场上从来不笑，总是一副凶神恶煞的样子。虽然加图索看上去很凶，但他的拦截动作利落又干净，因此获得了“球场屠夫”的称号。

加图索加盟 AC 米兰队的最初几年，正值球队跌入低谷、战绩糟糕的时候，虽然他获得了不少上场时间，却没有引起大家关注。转折发生在 2002 年，AC 米兰队引进了科斯塔、里瓦尔多等技术大师，并把“天才中场”皮尔洛放到后腰的位置，组成了一个超级中场，就在这个时候，加图索的作用被无限放大了。

当时 AC 米兰队的超级中场有四个人，分别是加图索、皮尔洛、西多夫、科斯塔。除了加图索之外，其他三人放在任何球队都绝对是大脑核心式的人物。这三个人都是组织进攻的，只有加图索是“清理垃圾”的，当其他三个人在前面穿针引线、打出绝妙配合时，加图索则在后面为他们保驾护航，不停地抢断足球，盯着对手的核心寸步不离。

AC 米兰队从来不缺脚法细腻的球员，但善于硬拼猛抢的球员并不多，因此加图索便成为“红黑军团”中的“异类”。“我很荣幸自己能够融合在‘红黑军团’的机制当中，哪怕我知道自己还需要不断奋斗来让自己跟上球队的步伐。”

每个人都在自己的位置上踢出了最佳表现。第二年，AC 米兰队就夺得了欧洲冠军杯冠军，由此开启了又一个“黄金时代”，而加图索也逐渐成长为世界顶级防守后腰。

就这样，一个原本不起眼的配角成了米兰队最不可或缺的球员，加图索一旦缺阵，米兰队的中场体系就很难正常运转。随后，曼联等球队都向加图索发来转会邀请，再也没有人质疑当初那800万花得值不值了。

外表强悍的加图索是一个内心柔软善良的好男人，绯闻与他从不沾边。由于出身贫寒，加图索也竭尽全力帮助那些困难的人们，他为此成立了“加油吧，小伙子们”慈善基金会。2004年3月，加图索把自传《真实的里诺》的收入全部捐给了基金会。

退役之后，加图索和AC米兰队再续前缘。2017年，他成为球队主帅，2019年赛季结束后被解雇。加图索上任后，米兰队以场均1.81分的得分位列意甲第三，同期仅逊于尤文图斯队和那不勒斯队；他带队的第一个完整赛季里，36球的丢球数是自2011—2012赛季（33球）以来八年里的最佳成绩。但加图索主动放弃了两年合同赔款，他的理由更是掷地有声：“我跟米兰之间的关系，从来与金钱无关。”

2020年6月，加图索率领那不勒斯队击败豪门尤文图斯队，捧起了久违的意大利杯冠军。

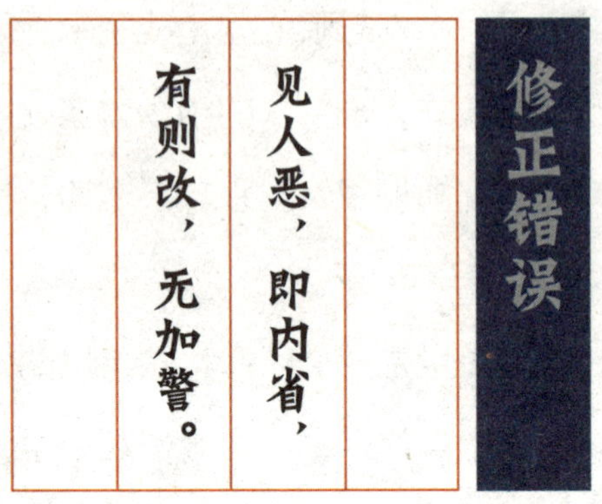

注：

恶（è）；省（xǐng，察看，检查）。

释义：

看到他人之恶，就要自我反省，有则立刻改正，无则保持警醒。

敲黑板：

人无完人，谁都难免犯错。队友配合中出现了失误，小鞠去指责他有用吗？

最好的办法，还是和他一起吸取错误的教训。这样的错误，我以后有没有可能会犯呢？为了不犯这样的错误，我应该怎么注意呢？

不自省、不警醒的人，只看到别人的问题而看不到自己的问题，在团队中就容易成为问题。

开讲：

雅凯带领法国队出征1998年世界杯之前，在名单上删除了两个人的名字，一个是吉诺拉，一个是坎通纳。这件事引起了不少的争议！

吉诺拉是当时国际足坛有名的进攻天才，能盘带，能突破，他的个人能力优于当时法国队多数入选世界杯名单上的球员。坎通纳就更不用说了，他是第一代“曼联王朝”的缔造者，没有坎通纳，著名教练弗格森可能早就下课回家了，坎通纳的一个个进球让弗格森在曼联队站稳了脚跟。

在多数人看来，少了这两位球星，法国队根本就没办法玩了。但雅凯教练不这么看，因为这两位球星都有共同的毛病：第一，不防守；第二，不遵守战术纪律。两个人都把发挥个人才华放在第一位，把球队整体战术效率放在第二位。

在雅凯眼里，法国足球的当务之急是整肃团队精神，球星的个人发挥是次要的。此前的十几年，雅凯亲眼见证了法国队拥有顶级球星却经常在大赛中折戟沉沙。普拉蒂尼曾是全世界最好的中场球员之一，但法国队一遇到德国队马上就不行了，技术比德国队华丽有什么用呢？德国队就是一个整体，每次都把法国队打得很惨。普拉蒂尼退役后，法国队又出现了一批进攻天才，比如吉诺拉，但同样没什么用，法国队连世界杯决赛都打不进去。

所以，1998 年世界杯前，雅凯下定决心要改变法国足球华而不实的缺点，他把吉诺拉和坎通纳清理出局，就是向全世界宣告："有些'自我'是需要约束的，我要打造一支截然不同的法国队。"雅凯打造的这支法国队有两个特点：一是防守特别严密，从后卫线到中场，层层设防；二是全队严格遵守教练员的战术纪律，绝对不允许球员有个人英雄主义行为。最后的结果是，雅凯带领法国队史无前例地夺得了世界杯冠军，过去质疑雅凯的法国球迷也统统改变了对他的看法。

"一代球王"齐达内在那届世界杯横空出世，但并非只有齐达内是法国队夺冠的灵魂人物，朴实无华的小个子后腰德尚也是雅凯战术的代表之一。2018 年，担任法国队主教练的德尚，秉承了雅凯的战术理念，强调防守和战术纪律，使得法国队时隔二十年后重夺世界杯冠军。

在雅凯带领法国队征战世界杯的两年时间里，他的用兵之道遭受了猛烈的抨击。法国体育媒体《队报》质问雅凯：“你的用人标准究竟是什么？”后来，法国队节节胜利打进决赛，《队报》公开向雅凯道歉，承认他是“法国足球史上最优秀的教练”。

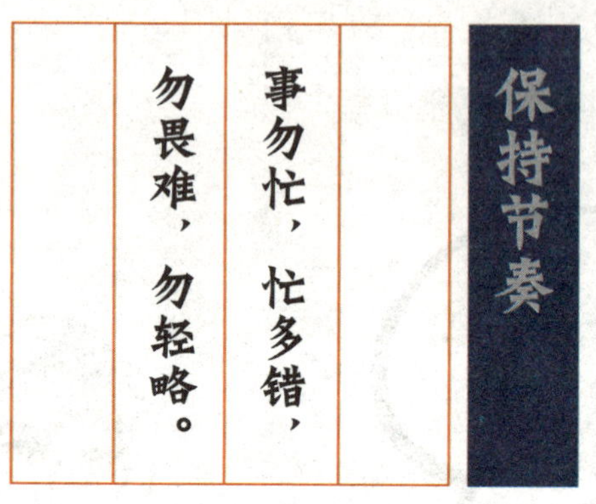

保持节奏

事匆忙，忙多错，勿畏难，勿轻略。

释义：

做事不要匆忙，忙乱容易出错，做事不要畏难，不要轻率随便。

敲黑板：

训练或者比赛的过程中，足球场上的形势瞬息万变，顺境时我们恨不得扩大优势一锤定音，逆境时我们着急扭转局面。这个时候，急躁的情绪最容易相互传染。

如果队友之间不能很好地呼应，不能一起控制好比赛的节奏，困难的局面就很难改善，大好的局势说不定也会丧失。

这时候，小鞠能站出来，成为场上的“定心丸”吗?

开讲:

团队融合，需要去除散漫的“发挥大师”；团队作战，不能有浮躁的情绪蔓延。战胜了这个“急”，球队才能变得无敌。

2008年之前，西班牙队经历了一段很长时间的黑暗时期，虽然他们拥有全世界一流的技术、一流的联赛、一流的足球文化，但国家队在世界杯等大赛中总是无所作为。每一届大赛，大家在探讨强队时，往往会把西班牙队列在其中；但在谈论谁能成为冠军时，往往会把西班牙队排除在外。言下之意，西班牙队很强，球员很出色，但他们拿不了冠军。

改变发生在2008年欧洲杯，阿拉贡内斯率领西班牙队夺冠。从此，世界足坛进入了“西班牙时代”，西班牙队的“传控打法”开始风靡全世界。简单来说，2008年之前，西班牙队是“烂泥扶不上墙”，一到大赛就腿软，大家都看不起他们。2008年之后，西班牙队突然成了全世界的榜样，他们用自己标志性的“Tiki-Taka”和传控足球开始了对世界足坛的统治。无论人们是否喜欢和接受，西班牙队的新面貌都代表了一次足

球的革命。

这个巨大的进步是怎么取得的呢？老帅阿拉贡内斯有个绰号叫“智者”，他特别善于思考。他发现以前西班牙国家队的问题，就是急于求成，出现一堆问题之后，忙乱地去解决各种问题。而阿拉贡内斯给出的办法是，先把所有的问题理出一个头绪来，从主要问题入手，一步步解决。

第一个解决的问题就是打法。西班牙球员技术功底都很扎实，在欧洲绝对是技术最好的国家之一。阿拉贡内斯开始推行传控打法，不急于打开进攻局面，让场上队员不停地进行传球，把足球掌控在自己脚下，然后耐心地寻找机会。这一打法将西班牙球员的技术优势得以最大化体现。

为了实现这一打法，阿拉贡内斯首先冒天下之大不韪，弃用了当时的西班牙队头号球星劳尔。作为上个时代的领军人物，劳尔的球风就犹如斗牛士一般，简单直接、甚少迂回，只要劳尔脚下一接到传球，本能会让他在第一时间选择攻击对方的球门。而这种本能，无疑是传控足球的大忌，放在阿拉贡内斯的传控体系之中，就显得格格不入。

从阿拉贡内斯选择把劳尔排除在国家队之外的那一刻起，他就选择了把整个国家的愤怒扛在了自己的肩头。媒体为此曾经无数次地对他进行口诛笔伐，球迷对着他吹口哨、喊下课、高呼劳尔的名字，但这些都不曾动摇阿拉贡内斯的决心。

2008年，西班牙队夺得欧洲杯冠军，所有的非议烟消云散，西班牙队从此开启了一个新的时代。西班牙队夺得欧洲杯的第二年，巴塞罗那队主帅瓜迪奥拉将传控打法进行了升级，从守门员这个环节便开始脚下传递，然后层层推进，巴塞罗那队由此开始称霸欧洲。

之后西班牙队学习借鉴瓜迪奥拉升级后的传控打法，并将这一打法发挥到了极致。2010 年球队首度夺得世界杯冠军，2012 年欧洲杯决赛中，在西班牙队华丽又富有效率的节奏中，意大利队毫无办法，“斗牛士”4 ：0 横扫对手。四年之内两夺欧洲杯冠军和一次世界杯冠军，西班牙队创造的是世界足球史上一项新纪录。

“Tiki-Taka”最早被使用是用来形容足球战术，这句话被认为是来自 2006 年世界杯期间西班牙电视六台播音员安德雷斯 · 蒙特斯。“Tiki-Taka”实际上是象声词，用来形容球员们在场上进行快速的短传。但这一届世界杯，西班牙队在八分之一决赛被法国队击败。

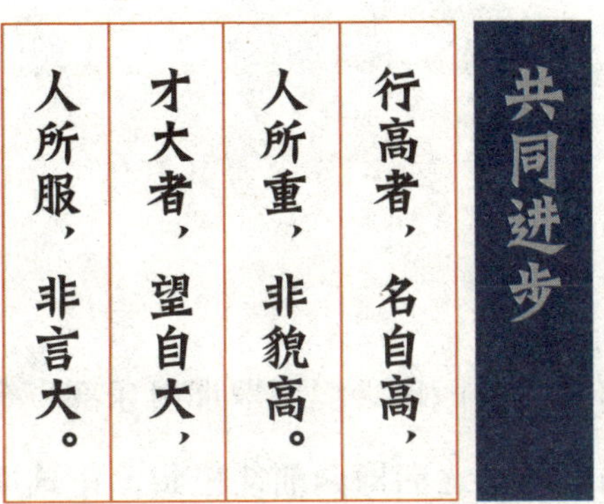

释义：

德行高尚的人，名望自然会高，人们所看重的，从来不是容貌。

才能博大的人，名望自然不凡，人们所佩服的，从来不是大话。

敲黑板：

一个人是否闪光，取决于他的内在。只有内心高尚的人，才能发散出美玉一样的温润光芒，任由世事变迁，不会随之改变。他散发出的光芒，还能引领着别人前行。

在团队中，球技出众非常重要，球技能带来与之相称的名望。但球技不是评判一名球员的唯一标准，德行高尚者，才是优质的偶像。

团队中需要偶像，小鞠要努力才能成为偶像，一个像梅西一样的偶像。

开讲：

2021 年 8 月，西班牙巴塞罗那俱乐部宣布，梅西将离开效力 21 年的巴萨。之后梅西前往巴黎，正式加盟巴黎圣日耳曼俱乐部，这成为 2021 年世界足坛第一重磅消息。

在巴萨，梅西留下了辉煌的成绩：一线队出场 778 次，打进 672 个球，完成 305 次助攻，帮助巴萨夺得 10 个西甲冠军、7 个国王杯冠军、7 个西班牙超级杯冠军、4 个欧冠冠军、3 个欧洲超级杯冠军和 3 个世俱杯冠军。梅西个人获得 6 次“金球奖”、6 次“世界足球先生”，2 次“欧洲最佳球员”、6 次“欧洲金靴奖”、8 次“西甲金靴奖”、6 次“欧冠金靴奖”，10 次入选欧足联年度最佳阵容、8 次国际足联最佳阵容。

从阿根廷远渡重洋到西班牙，梅西经历了艰难的成长。梅西 11 岁时被诊断出患有先天性侏儒症，只有长期不断地注射生长激素才能刺激他的身体生长，否则他的身高只能停留在 140 厘米。每个月大约 900 美元的治疗费用，梅西的家庭负担不起，也没有任何一家阿根廷俱乐部肯伸出援手。当时的巴萨技术总监雷克萨奇力排众议，决定签下梅西并帮助他治疗。雷克萨奇用一张酒店的餐巾纸和梅西草拟了转会协议，如今这张著名的“餐巾纸合同”被放在巴萨的博物馆里，成为经典的印记。

梅西 16 岁时身高长到了 169 厘米。2004 年 10 月，17 岁的梅西在对阵西班牙人队的比赛中出场，完成了巴萨正式比赛的首秀。

从年轻球员到球星再到球场上的王者，梅西付出了艰苦的努力。儿时的经历，造就了梅西沉默低调的性格。正因为如此，伴随着梅西一直有一种说法，那就是缺乏张扬霸气的气质，比如马拉多纳就这样评价梅西：“他的确是一名好球员，但个人魅力还不够，缺乏作为领袖的特质。”

梅西的队友并不这么看，他们眼中的梅西不张扬外露，却用行动支持着队友。曾经效力巴萨四年的巴西球星内马尔，每次谈起梅西都十分动情：“那四年他帮助了我很多，尤其是刚开始我有困难最需要帮助的时候。一位不知道拿了多少次金球奖的家伙来到我身边，告诉我要冷静，要踢出自己的足球，然后就会有好的结果。我们是好朋友，我们在场上互相帮助。”

什么是“在场上互相帮助”呢？苏亚雷斯同样体会深刻。2014 年，欧冠小组赛上，巴萨对阵巴黎圣日耳曼队。对方取得领先不到 4 分钟，梅西就扳平比分，为 3 ： 1 逆转对手打下坚实基础。第 77 分钟，内马尔在禁区内射门被圣日耳曼队门将扑出，梅西和苏亚雷斯双双杀到球门前，面对足球，梅西只需要伸腿铲射就能进球，但他双手上举做“投降”状并停止脚步，将空门让给了苏亚雷斯，成全了这个乌拉圭前锋在巴萨的第二个进球。2018 年，西甲联赛第 3 轮，身为巴萨第一点球手的梅西，在补时阶段把主罚点球的机会让给了那段时间状态极差的苏亚雷斯，自己放弃上演“帽子戏法”的机会。

2021 年 4 月，西甲联赛第 31 轮，巴塞罗那队 5 ：2 大胜赫塔菲队，梅西进 2 球并有 1 次助攻，在最后时刻他让出点球，格列兹曼主罚点球，一蹴而就。这就是梅西的伟大之处。他本可以打进更多的进球、拥有更显赫的成绩，但若能帮助队友走出低谷，他更乐意成人之美。相关数据网站曾给出统计：2008 年至今，梅西已经 28 次让点，8 名队友成为“受益人”。

在队友和球迷的心中，这样的梅西，就是当之无愧的领袖。作家爱德华多·萨切里说他欣赏梅西的一个点是：这个人对足球有从伦理学及美学角度出发的认识。他进球之后，会回头等着队友，会寻找给他助攻的人，他不是那种四处奔跑、寻找摄像机摆姿势的人。

2020 年新冠疫情发生后，梅西通过各种方式为遭受疫情的人们加油打气，他先后捐款 150 万欧元，一部分被送到巴塞罗那当地的医院，另一部分则送往阿根廷用于购买抗击新冠病毒的医疗用品和设备。梅西在社交媒体上写道：“我们希望能够帮助到那些身处糟糕处境的人们，或者是他们受到疫情影响的家人和朋友，还有那些正在前线与疫情做斗争的人。我想给所有人力量。”

自律篇

如何处理好闲暇时光？

时间：业余时间

地点：校园和球场之外

远离夜店　斗闹场，绝勿近，邪僻事，绝勿问。

远离赌博　身有伤，贻亲忧；德有伤，贻亲羞。

不说脏话　刻薄语，秽污词，市井气，切戒之。

不说假话　凡出言，信为先，诈与妄，奚可焉！

别多说话　话说多，不如少，惟其是，勿佞巧。

别传瞎话　见未真，勿轻言；知未的，勿轻传。

自我要求　执虚器，如执盈，入虚室，如有人。

自我修正　无心非，名为错；有心非，名为恶。

过能改，归于无，倘掩饰，增一辜。

走出课堂，走出球场，结束了一天的学习和训练，和老师、教练说再见之后，时间就都是自己的了。

学习很累，训练很苦，终于有时间喘口气了，是不是可以彻底放松了呢？

“要真正了解一个人，只要看他怎样利用余暇时光就可以了。”这句话是中国现代著名作家林语堂说的。

小鞠千万不要以为，自己说了算的时间，就是无关紧要的时间，因为有太多球员的成败，是由“余暇时光”决定的。

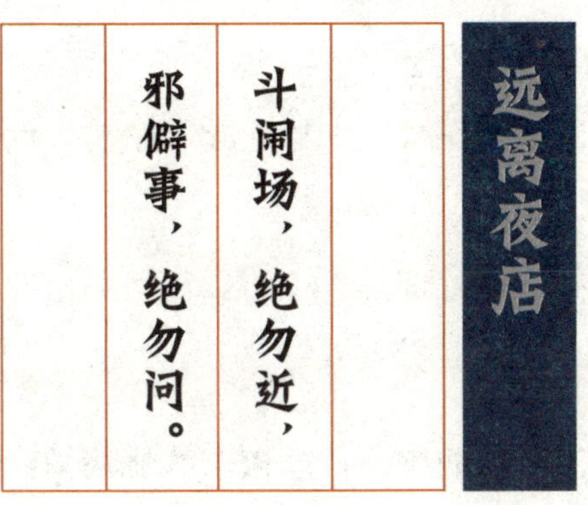

释义：

喧闹混乱场所，绝对不要靠近，邪恶不正之事，绝对不要打听。

敲黑板：

走出家门，走出校门，作为一个未成年人，小鞠首先要知道的是什么地方能去，什么地方绝对不能去，比如书店、少年宫、儿童游乐场可以去，而有些地方，即使将来长大了，也尽量不要去。

就像夜店，本来就是容易惹是生非的地方。有一个很极端的例子：1994 年，在世界杯上打进“乌龙球”的哥伦比亚队后卫埃斯科巴，就是在夜店中和人起了争执，而后在停车场被人杀害了。

开讲：

不懂规矩，任性胡来，普通夜市的烧烤摊同样能成为是非之地。

曾经有四名年轻的中国球员，他们在一个烧烤摊酿成大错，人生从此拐了个大弯。这就是令人痛心的“沈阳金德命案”。

2001 年 5 月的一个夜晚，四位少年偷偷地从沈阳金德足球队的宿舍里溜出来，四人分别是王子、金雷、韩龙和马欧。他们违反队规外出，是因为刚刚得到一个好消息，沈阳金德队要把他们四人从二线青年队调入一队。这对于青年球员来说，绝对是一件人生大事，这意味着他们以后能有机会在职业比赛中上场，能有更好的收入、更远大的前程。他们实在按捺不住喜悦的心情，打算出去庆贺一下。

四个人找了个烧烤摊吃饭。吃饭时间，他们和摊主发生了争执，摊主弟弟见状冲过来，王子拿起一个酒瓶砸到对方的脑袋上，最终导致摊主弟弟重伤后死亡。最后，王子被判有期徒刑 12 年，剩余三人被判二年至四年不等的有期徒刑。本来他们马上就要成为职业球员，却因为任性胡来成了阶下囚，更给受害者家属和自己的家人带来无尽伤痛。

金雷出狱后加盟了一家俱乐部，试图重回绿茵场。但中国足协有明确规定，终身禁止他们从事与足球有关的活动。2009年，服刑8年零5个月后，王子出狱。他回忆起当年，悔恨不已：“因为当时的冲动，我害了别人，也付出了人生最黄金的时间赎罪。父母几乎把全部的钱都花在我身上，让我踢球，结果我出事了，全家陷入了困境。”

知多一点

昔日和王子一起踢球的队友，比如杜震宇，从2000年开始在长春亚泰一线队效力，2007年帮助球队获得中国足球超级联赛冠军，并荣膺2007年“中国足球先生”。2008年，杜震宇担任北京奥运会火炬手。

退役后，杜震宇任职亚泰青训副总监、亚泰U19梯队主教练。之后他又投身青训事业，在长春创办了震宇足球俱乐部。

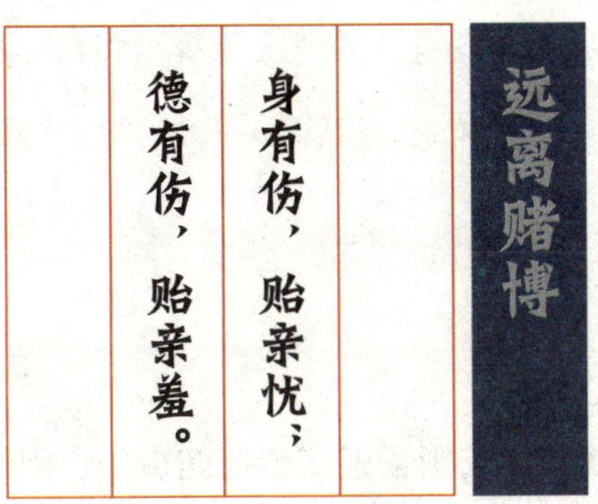

注：

贻（yí，遗留）。

释义：

身体受到伤害，会使父母忧心；德行有了缺失，会使父母蒙羞。

敲黑板：

“出必告，反必面”，还记得吗？这是为了让爸爸妈妈放心。如果不知道小鞠去了哪里、干什么去了，他们会担心，万一小鞠在外面不小心受伤了呢？

最让爸爸妈妈难过的，还是孩子在德行上出现污点和缺失。

如果是这样，父母出门见到别人会羞愧、会抬不起头，他们恨不得地上有条缝儿就钻进去躲起来，因为有句话叫“子不教父之过”。

开讲：

晚上去烧烤摊吃饭，毁了金德四少年；闲暇时间迷上了赌博，毁了“岭南足球的新希望”。

这位希望之星的名字，叫作温俊武。

温俊武1997年就进入甲A球队广州太阳神队效力，当时他才19岁，却已经是广州队的绝对主力。那时候中国技术最好的中场球员之一是彭伟国，温俊武被视为彭伟国的接班人，他的教练麦超甚至说："温俊武可能会超越彭伟国，他不仅技术好，身体还比彭伟国更强壮。"

温俊武当上球队主力后，给父母买了一套房子，他的本性是孝顺的。他的天赋引起了著名教练朱广沪的关注，1998年朱广沪把他召入国青队。但年少成名的温俊武不懂得珍惜，一点儿苦都吃不了，国青队枯燥无味的训练让他感到反感，因此他经常违反纪律出去玩乐，最终还主动退出了国青队。

1999年，温俊武因为赌球被查处，队内对其进行处罚，将他下放到二队踢球，年薪也大幅度降低。接受不了这么大的落差，温俊武愤然离队。因为赌博，他把所有的积蓄挥霍一空，后来把房子也卖掉了。因为赌球欠下巨额赌资，他竟然选择杀人以逃避赌债。2008年，温俊武因故意杀人罪和盗窃罪，被判处死刑，缓期两年执行。

回顾温俊武沦落的过程：在国青队，他无视纪律，让教练朱广沪恨铁不成钢；在俱乐部，他屡教不改，把师长的叮嘱当成耳旁风；被开除之后，只要他坚持训练，保持良好的竞技状态，肯定有俱乐部愿意接受他，他也会有东山再起的机会。可惜，温俊武根本没意识到自己的问题。

最痛心的是温俊武的父亲。温俊武的父亲是一名足球基层教练，当年，他一点儿一点儿教会了儿子踢球，又看着他成为一颗冉冉升起的新星，结果到头来却只能千里迢迢去探监。谈到自己的儿子，他说：“他不听我的话没办法，如果他听我的话就好了。”

这位被大家称为“温叔”的老教练，一直在从事着足球启蒙工作，这也成为他的情感寄托：“看到这些孩子，就像看到自己的儿子小时候一样，我希望他们都能踢出好成绩来，完成儿子未竟的事业。我会教到走不动路为止。”

2002 年世界杯结束后，公安部、司法部、审计署等部门开始派专人关注和调查中国足球职业联赛的赌球、假球现象。2009 年，公安部成立专案组，经过两年多时间的调查，足坛“反赌扫黑”风暴愈演愈烈，众多业内人士落马。

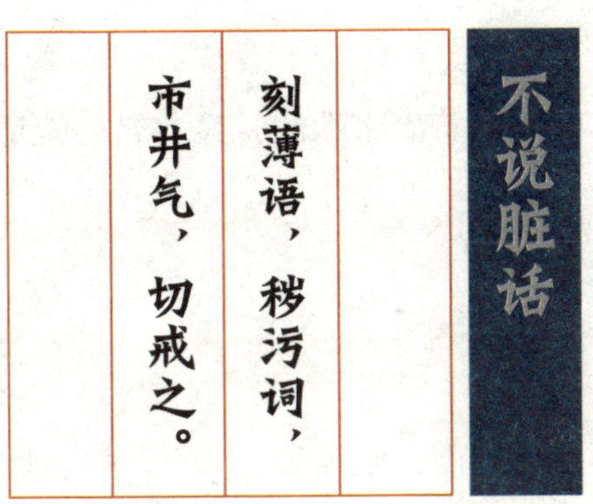

释义：

尖酸刻薄之语，肮脏丑恶之语，粗俗市井习气，切记都要戒除。

敲黑板：

打架闹事的场合，邪僻不正的事情，为什么要远离呢？因为“近墨者黑”。

同样，刻薄语、秽污词、市井气，就像墨一样，一旦沾染，就会“弄脏”你。而且，它们非常狡猾，悄无声息，平时不注意的话，关键时刻就会让你吃亏。

开讲：

因为说不好的话惹出事端的，最有名的就是“马特拉齐与齐达内事件”。

2006 年世界杯，法国队与意大利队争夺冠军，比赛踢得非常胶着。两支球队都小心翼翼，防守严密，比赛进行到加时赛第 108 分钟时，场上比分仍然是 1 ∶ 1。这时，齐达内听到意大利队后卫马特拉齐说了些什么，齐达内突然转过身来，用头狠狠撞向对方的胸口，直接把马特拉齐撞倒在地。齐达内随后被红牌直接罚下。

这是世界杯历史上第一次在决赛中出现红牌，这张红牌，一定程度上决定了比赛的结果，最终意大利队在点球大战中获胜，时隔 24 年再次夺得世界杯冠军，齐达内则无缘自己的第二个世界杯冠军。比赛结束后，34 岁的齐达内宣布退役。马特拉齐对齐达内说了什么？齐达内回忆说：“他喋喋不休地侮辱我的母亲还有我的姐姐，他的言语让人难以接受。开始的时候，我告诉自己不要听，但他仍旧不停地说，这让我难以接受。”后来马特拉齐在接受采访时，也承认了这一点。

这个事件中有赢家吗？面对恶言恶语，齐达内没有控制住

自己的情绪，用头顶人发泄了一时之愤，却与“大力神杯”擦肩而过，给职业生涯留下了永远的遗憾。他也深知这一事件带来的影响，赛后第一时间进行了道歉：“我希望那些在电视机前观看比赛的孩子们能够原谅我的这一举动。对于这一过激行为，我不能以任何理由来推脱责任。”

马特拉齐扮演了受害者，也夺得了世界杯冠军，但大家不再关心他的球技，而是热衷于探讨他的人品，他劣迹斑斑的往事也一再被提起：2003 年 4 月，“米兰德比”中，马特拉齐用足球鞋狠狠踹到了舍甫琴科的右肋，舍甫琴科当即倒地不起；2004—2005 赛季，在国米队与锡耶纳队的比赛后，马特拉齐在球员通道里殴打锡耶纳队后卫奇里洛，后者被打得嘴唇开裂，马特拉齐则因此被禁赛两个月。

尽管家人和朋友都说他是个好人，但“球场恶汉”是马特拉齐永远无法抹掉的形象。

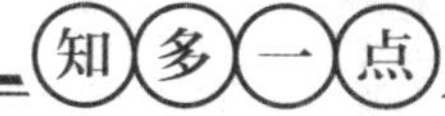

齐达内是世界上最著名的少壮派教练之一。2016 年 1 月至 2018 年 5 月，齐达内担任皇马队主教练；2019 年 3 月，齐达内重回皇家马德里足球俱乐部执教，与俱乐部签约至 2022 年夏天。

2020 年 7 月，在西甲联赛第 37 轮中，齐达内率领的皇马队以 2 ∶ 1 战胜比利亚雷亚尔队，提前一轮夺得 2019—2020 赛季西甲冠军，这也是齐达内在皇马执教期间夺得的第 11 座冠军奖杯。

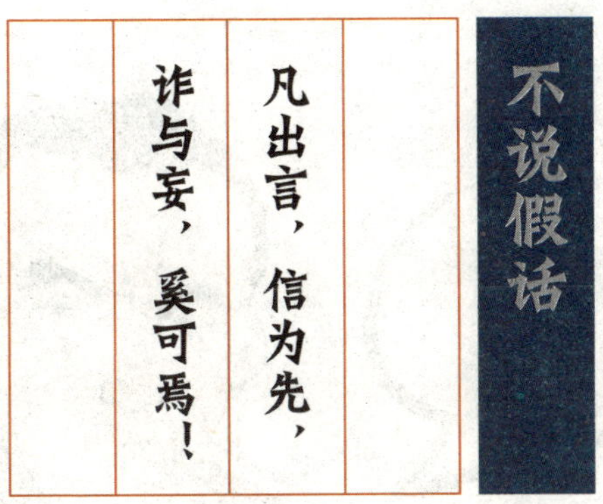

释义：

只要开口说话，必以诚信为先，欺诈虚妄之语，不可随便去说！

敲黑板：

从字形上看，“人”+“言”=“信”。说话要守信用，做事要讲信义，这是做人的基本要求，也是竞技精神的体现。小鞠可以把“信”理解为一种约束。约束什么呢？约束“诈”和“妄”。

开讲：

为了奖励诚信，国际足联设立了“公平竞赛奖”，颁发给那些在比赛中体现公平竞技精神的球员。

公平竞技的精神，能让一场普通的比赛变得令人难忘，也能让一名球员散发出别样的魅力。

意大利曾有位球星名叫迪卡尼奥，他是当时意大利足坛最成功的前锋之一，但从来没有代表国家队参加过比赛。因为他脾气极为暴躁，在场上经常作出一些匪夷所思的举动。

1998 年，迪卡尼奥效力于谢菲尔德星期三队，在和阿森纳队的比赛中，他与对方球员发生激烈冲突，险些引发群殴。事态平息后，裁判员给迪卡尼奥出示了红牌，没想到迪卡尼奥居然一把将裁判员推倒在地。但在 2001 年时，国际足联却授予了迪卡尼奥“年度公平竞赛奖”，给他颁奖的是德高望重的“足球皇帝”贝肯鲍尔。

在 2000 年底的一场英超比赛中，迪卡尼奥所在的西汉姆联队遭遇埃弗顿队，比赛只剩下最后一分钟时，场上比分仍是 1 ∶ 1，这时西汉姆联队获得绝佳得分机会。当时西汉姆联队球员将球传入对方禁区，埃弗顿队门将出击时没能拿到足球，自己却受伤倒地不起。由于双方没有任何犯规动作，裁判员没有叫停比赛，西汉姆联队球员把球传向中路包抄的迪卡尼奥，此时，迪卡尼奥面前是没有守门员把守的空门，他距离球门只有 12 米左右，无须任何技术，只要用一点点力量，就可以把球从容打进对方球门，西汉姆联队就将以 2 ∶ 1 获胜。

让所有人没想到的是，迪卡尼奥作出了一个惊人举动，他用双手把球抱住，然后向裁判示意，对方守门员受伤，需要暂停比赛进行治疗。埃弗顿队球迷为迪卡尼奥的精神所感动，全场起立为他鼓掌。

这一幕至今被认为是英超历史上最令人难忘的瞬间之一。赛后迪卡尼奥说：“在球场上，我们是敌人，但当有人受伤时，我们就是伙伴。”

这句话，就是足球的“信”。

德国球员弗兰克·奥尔德内维茨于1987年获得国际足联“年度公平竞赛奖”，因为他在德甲科隆队和云达不来梅队的比赛中不小心手球犯规，但他主动向裁判承认了自己的犯规动作。

同样是手球，马拉多纳的态度却完全不同。1986年世界杯，马拉多纳在和英格兰队的彼德·希尔顿争抢头球时一跃而起，用拳头将球打进了英格兰队的大门。赛后记者会上，马拉多纳用“一半是上帝之手，一半是迭戈的脑袋”的话一带而过。这句话不是“信”，“上帝之手”就是世界足坛最著名的“诈”与“妄”。

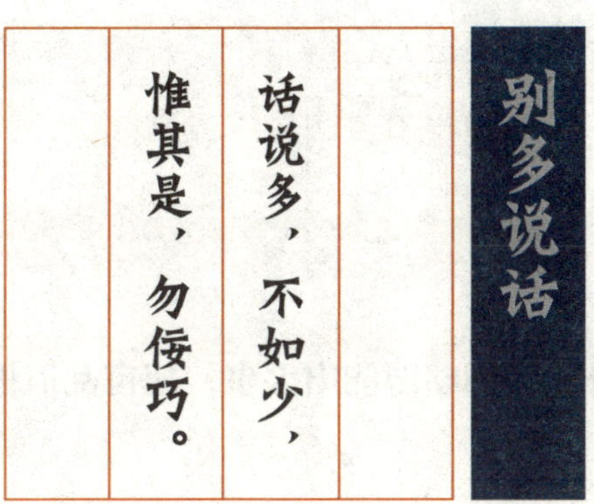

注：

佞（nìng，能说会道，引申意为花言巧语）。

释义：

话多不如话少，实事求是为本，切勿花言巧语。

敲黑板：

一个人说话，就像打开水龙头，水哗哗地流出来，就回不去了。话里面，有真话，也有假话，还有虚伪讨好的话。

所以一个人的嘴巴，也得有个“开关”，该说的说，不该说的不说，更不能说些不着调、不靠谱的话。

开讲：

球场之外，喝酒赌博能出大事，胡言乱语也不是小事。

有一位著名的教练，因为没管住嘴巴，结果成了笑柄，也丢掉了工作。

瑞典教练埃里克森曾经担任英格兰队主帅，带队参加了2002年和2006年两届世界杯，两次都进入了八强。而在此之前的两届和此后的两届世界杯，英格兰队都没能进入八强。埃里克森的执教还算成功，原本他与英格兰足总的合同是签到2008年，但是埃里克森在2006年世界杯之后便收到了解聘书。埃里克森提前被“炒鱿鱼”，是因为他被假冒中东富豪的记者蒙骗，说了很多不该说的话，他的谈话被曝光后，引来外界一片声讨之声。英格兰人大骂埃里克森是个骗子，实际上他是一个被骗子骗了的骗子。

假冒中东富豪的记者来自英国的《世界新闻报》，这家报社在当地小有名气，专门打探八卦奇闻，记者个个都是“狗仔”。

当时这名记者声称自己是来自中东的富豪，准备收购英超球队阿斯顿维拉队，并把埃里克森请到迪拜的七星级酒店和豪华邮轮上进行谈判，表示愿意聘请埃里克森做主教练。埃里克森丝毫没有意识到这是一场彻头彻尾的骗局，他对对方的身份深信不疑，并欣然接受了邀请。埃里克森对对方说："我离开英格兰队没问题，但因为我和英格兰队的合同还有两年到期，需要支付高额的违约金。"同时，为了让"中东富豪"相信自己的能力，埃里克森还说：“只要我执教阿斯顿维拉队，我可以把贝克汉姆带到球队中。”然后他信口说出了一大堆贝克汉姆会离开皇马的理由。

《世界新闻报》把这次会面的详细经过披露出来之后，埃里克森的形象顿时跌到了最低点。大家发现，原来他只是一名为了金钱可以随便撕毁合同的人，在世界杯这样的大战面前竟然如此“身在曹营心在汉”。2006 年世界杯之后，英格兰足总与埃里克森解约。后来他在接受采访时承认，那是自己足球生涯最困难的时候，“2006 年世界杯结束后，有一年的时间，我完全没有工作，我不喜欢那样，早上醒来，就在想：今天该做什么呢。”

从此之后，埃里克森再也没有执教世界强队的经历。2013 年，他来到中国，先后带领广州富力队和上海上港队进入中超前三名，并率上海上港队闯进亚冠八强。很显然埃里克森的能力是不错的，但那次“大嘴巴事件”严重影响了他的声誉，他到了美洲，到了非洲，又到了亚洲，虽然依旧做着教练工作，但他想再率队征战世界杯，已经不太可能了。

再看看埃里克森当时还说了些什么，“如果我离开英格兰队的教练职位，我希望能够获得一份为期三年的合同，同时也希望能够给我提供和穆里尼奥一样高的薪金（穆里尼奥年薪为500万英镑）！”“鲁尼之所以脾气这么坏，是因为他出身于一个贫穷的家庭，他父亲是个拳击手，他原本应该子承父业的。”事后埃里克森四处“救火”，忙着给队员们打电话道歉，忙着去和英足总消除误会，但已经于事无补了。这次信口开河，也成为他教练职业生涯的拐点。

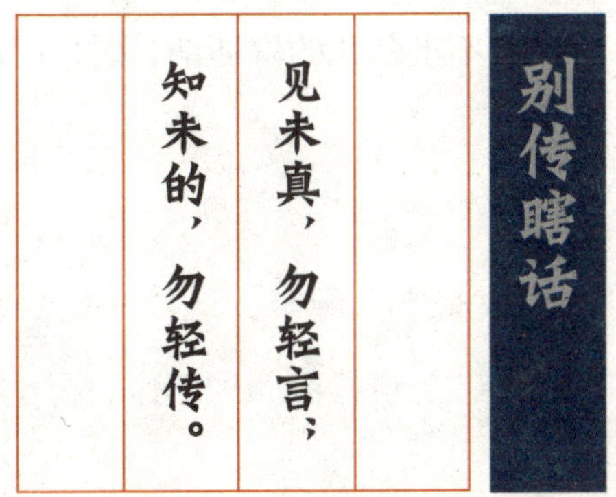

释义：

没有弄清真相前，切勿轻率表达意见；事情没有确认前，切勿轻易随便乱传。

敲黑板：

一瓢水，泼在地上，小鞠能收回来吗？说出去的话，就像泼出去的水一样，收不回。伤害了别人，可以道歉，但是如果一开始就不去伤害，不是更好吗？

开讲：

我们前面讲过法国足球“教父”雅凯改变法国足球的基因，为法国赢得第一座世界杯奖杯的故事，他将坎通纳、吉诺拉等大牌球星排除在国家队之外，让德尚担任队长。

在国家队再也使不上劲儿的坎通纳，选择了用冷言冷语“使劲儿”。

德尚的身高仅仅有 170 厘米，这样一位身材矮小的球员担任的位置却是后腰，负责拦截清理工作，至于进攻、调度，全部交给齐达内。

无缘国家队的坎通纳愤愤不平，他很看不起这个只会干苦力的小个子，讽刺德尚就是个“挑水工”，只会把球传给那些才华横溢的球员。在这位被称为“国王”的天才球星眼中，德尚从来不是、也不应该是法国足球的主角，但就是这样的一位小个子球员，在 1998 年帮助法国队捧起了大力神杯。

从 2000 年起，法国足球陷入低谷，除 2006 年世界杯获得亚军外，其余几届战绩都很差，有两届居然小组都未出线。另外，法国队连续四届欧洲杯也毫无作为。2012 年，德尚成为法国队新任主教练，他的战术风格与恩师雅凯一脉相承，整肃战术纪律、重塑铁血防守，以此为基石重建战术体系，“我有自己构建球队的底线，团队意识和战斗精神是两大根本，球员必须时刻谨记这一点。”

从 2012 年到 2018 年，无论是用人还是战术，德尚都饱受大家的批评，其中就包括从不会缺席的“批评家”坎通纳，他嘲讽德尚是“一个头脑发晕的感冒者”，认为其排兵布阵令人抓狂，甚至指责德尚在用人上存在种族歧视，弃用本泽马和本阿尔法是因为他们的“北非血统”。

但是，2018 年世界杯，法国队再次夺冠。德尚因此成为继巴西名宿扎加洛、“足球皇帝”贝肯鲍尔之后，第三位作为队员和主帅都举起过“大力神杯”的人。

2018 年，德尚当选为国际足联最佳教练，在他击败的对手中，包括率领皇马实现欧冠三连冠的前队友齐达内。2019 年底，法国足协通过官方网站宣布和德尚续约，这位功勋主帅将带队至 2022 年。

从 1997 年起，坎通纳的职业便变成了演员。2009 年，他主演并监制的个人传记片《寻找埃里克》入围戛纳电影节主竞赛单元。他还热衷沙滩足球，2005 年以教练身份率法国队夺得沙滩足球世界杯冠军。

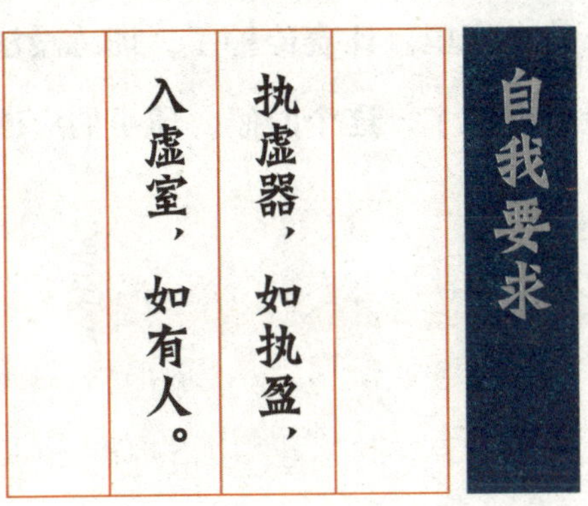

释义：

手拿空的器皿，如同它是满的。进入无人房间，如同有人一样。

敲黑板：

手里拿着装满东西的器皿，小鞠得小心，这是“慎”；进入有人的房间，小鞠也得小心，这是“敬”。

拿着空的器皿，进入无人的房间，能做到“慎”和“敬”，是出于我们自己的意愿，而不是为了“表演”给别人看。

开讲：

2020 年，世界发生了很大的变化，由于新冠疫情的原因，

很多人不得不待在家里。比赛停掉了，训练没法进行了，身边没有队友也没有教练了，这个时候，球员们应该做什么呢？

巴塞罗那队的前锋苏亚雷斯一点儿都没觉得无聊，相反，他充分利用了这段时间，把自己从伤病中恢复了过来。

2020 年年初，33 岁的苏亚雷斯的职业生涯跌入低谷，他的竞技状态非常糟糕，同时不断受到伤病的困扰。2020 年 1 月，

苏亚雷斯进行了右膝盖半月板手术，医生告诉他，至少需要四个月的时间，他才有可能返回赛场。有人说，苏亚雷斯已经老了，再也不是以前的那个顶级前锋了；也有人说，目前的苏亚雷斯拖垮了巴萨的进攻体系，自己状态糟糕不说，还限制了其他队友尤其是年轻队员的上升；更有甚者，认为巴萨应该进行一次全面的更新换代，首先就是要将苏亚雷斯清除出去。

苏亚雷斯对这些说法充耳不闻："我不想去澄清那些外界对我的攻击，很多针对我的传闻都是恶意的，他们还质疑我的职业性。"他脑子里只有这么几个字：疗伤、康复，尽早回到训练场。手术之后，他只休息了一天时间，就开始进行简单的康复训练。

因为疫情，西甲联赛推迟了几个月，这给了苏亚雷斯充分的康复时间。受疫情影响，俱乐部停止了所有活动，但苏亚雷斯带着自己的训练师，坚持每天进行恢复训练，并在社交媒体上给自己打气："克服困难的每一天！"他还在自家院子里修建了一个简易小球场，每天除了正常康复训练和室内力量训练外，还抽出一定的时间进行有球训练。

等队友们重新恢复训练之后，苏亚雷斯和他们一同回到了球场。2020 年 6 月，巴萨取得了复赛后的开门红，客场 4 ∶ 0

大胜马洛卡队，苏亚雷斯助攻梅西，打进了最后一个进球。人们都说，苏亚雷斯还是梅西身边那个最好的帮手。

但在 2020 年夏季转会窗口期，苏亚雷斯不得不含泪离开巴萨，加盟了马德里竞技俱乐部。带着要争口气的决心，苏亚雷斯在马竞完成了令巴萨难堪、令足坛瞩目的成绩：赛季 21 粒进球，6 次首开纪录，7 次射入制胜球，其中包括最后两轮两粒帮助马竞逆转比赛的绝杀球！

2021 年 5 月，马竞队时隔七年后再夺西甲冠军。这一年的苏亚雷斯已经 34 岁，夺冠后他哭成了“泪人”，人们说苏亚雷斯上演了最完美的“复仇记”。在那些最孤独的时候，被伤病折磨、被团队抛弃，苏亚雷斯都从来没有放弃自己，最终他又做到了那个最好的自己。

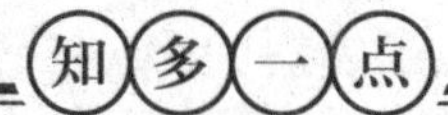

苏亚雷斯有个外号叫“苏牙”，这是他富有争议的一面。苏亚雷斯曾拿到过“英超金靴”“欧洲金靴”，但也因为在比赛中咬人而饱受诟病。有心理学家分析，苏亚雷斯这样的举动源于他贫穷的童年，父母的离异也加剧了他的不安全感。随着年龄的增长，转会巴萨后苏亚雷斯逐渐成熟，再也没有出现过那种惊人举动。

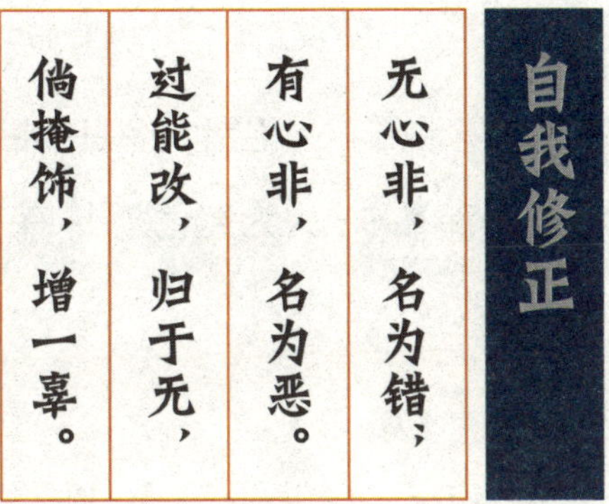

自我修正

无心非，名为错；
有心非，名为恶。
过能改，归于无，
倘掩饰，增一辜。

注：

辜（gū，罪）。

释义：

无意造成失误，可以称为过错，故意去干坏事，那可就是罪恶。

有错勇于改正，改后可当无过，倘若有意掩饰，就是错加一等。

敲黑板：

人都会犯错误，但怕的不是犯错，而是知错不改，甚至故意隐瞒、逃避。“亡羊而补牢，未为迟也”“浪子回头金不换”，都是鼓励人们有错就改。

开讲：

场外不自律，严重的会“失大节”，伤害到别人，自己也会付出惨重的代价；但“小节”的处理同样关键，比如董方卓，他付出的是成长的代价。

董方卓年纪轻轻就加盟曼联队，那时候几乎所有人都在说，他就是未来中国足球最好的那一个。

然而接下来的几年，董方卓的人生轨迹却是这样的：先是没有能够留在曼联队，回到中超；接着没有留在中超，去了中甲；后来在中甲毫无作为，彻底在职业赛场上消失。

董方卓不是被包装出来的明星，也不是曼联队看走了眼，他是真的有天赋。董方卓和C罗同岁，当年和C罗一起在曼联队训练时，C罗是曼联队的主打球星，董方卓仅仅是初出茅庐的新人。但董方卓的身体素质是可以和C罗媲美的，他的

弹跳、爆发力、速度都非常出众。当时曼联队主帅弗格森对这位中国球员有这样的评价：“他速度很快，除此之外，他的技术和柔韧性都很好。更重要的是，他攻击性很强，这种对于进球的渴望，是一名前锋最基本的条件。”

但 20 岁的董方卓并不知道怎么去发挥自己的天分。在饮食方面他非常随意，凑合的时候就吃些饼干和方便面，这大大影响了身体机能的恢复。因此，他的体能状况一直受到质疑。

性格方面，他比较内向，和陌生人在一起相当腼腆，不愿多说话，更何况是在国外语言不通的情况下。曼联队队员在采访中曾提到过，同在一队训练的“中国董”总是沉默寡言，很少和其他人进行交流。另外，董方卓处理问题也比较任性草率，包括更换经纪人等，对自己的职业规划缺少阶段性架构和长远打算。

弗格森在2009年接受采访时曾表示：“董方卓在场上显得有些‘懒’，这阻碍了他的发展！”从曼联队回到大连实德队之后，当时的主帅科萨诺维奇也曾认为：“董方卓跑动不够积极！”这种“懒”，有伤病带来的影响，但也从侧面反映了他不善于用努力去赢得教练的认可。

2015年底，董方卓做了脚部手术，身心俱疲的他在朋友的建议下，选择到厦门休养疗伤。2016年初，受伤病困扰已久的董方卓决定退役。

离开赛场，这位“昨日之星”有了足够的时间回顾过去、思考未来。2018年，董方卓足球俱乐部于厦门成立，专注于足球运动推广、青少年足球培训、国际交流等，此次创业，董方卓试图通过在基层的摸索，将他此前在国内和欧洲的经验融会贯通。

2020年7月，有人吐槽一些国内专业球员的体能还不如清华大学的普通学生，董方卓作出了这样的回应："在中国，足球这个行业这么多年都在被外界随意消费，我觉得我们整个行业的从业者，也应该进行深刻的自我检讨、思考和自省。不管外界如何看待中国足球，至少我们自己要先做到自尊、自强、自爱，努力提升自身素质和业务水平，质疑和恶意的攻击自然会逐渐消失。"

从"国王董""中国巴蒂"这样的美誉，到"董卓""董圆圆"这样的嘲讽，再到如今脚踏实地、自省自励的董指导，只要认识到以前自己的不足并加以修正，任何时候都不晚。

2004 年，19 岁的董方卓加盟英超曼联队，身价创下中国球员纪录，之后他被租借到比利时安特卫普队。2005—2006 赛季，比利时足球乙级联赛中，董方卓打进了 18 个进球，获得比乙联赛常规赛最佳射手，这是中国球员首次在欧洲联赛中获得"金靴"奖项。2008 年，董方卓为中国男足打入在奥运会史上的第一粒进球。

亲情篇

如何与家人们更好地相处？

时间：居家时光

地点：温暖的家

照顾父母	亲有疾，药先尝，昼夜侍，不离床。
有事请教	事虽小，勿擅为；苟擅为，子道亏。
去除私心	物虽小，勿私藏，苟私藏，亲心伤。
尽力而为	亲所好，力为具，亲所恶，谨为去。
学会体谅	亲爱我，孝何难？亲恶我，孝方贤。
懂得迂回	亲有过，谏使更，怡吾色，柔吾声。
	谏不入，悦复谏，号泣随，挞无怨。
和睦为本	兄道友，弟道恭，兄弟睦，孝在中。
	财物轻，怨何生？言语忍，忿自泯。

每次回到家中，都是小鞠最放松的时候，似乎做什么、说什么都可以，反正身边都是自己的亲人、家人，随便一点儿也没关系。但和家人相处，照样有很多学问。一个家庭的“支点”，包括爱、付出、包容、理解等等，大人有大人的责任，孩子有孩子的规矩。

“欲治国者，必先齐其家”，小鞠可以这么理解这句话：如果不能把家里的小事处理好了，就别想着能出去做什么大事儿。

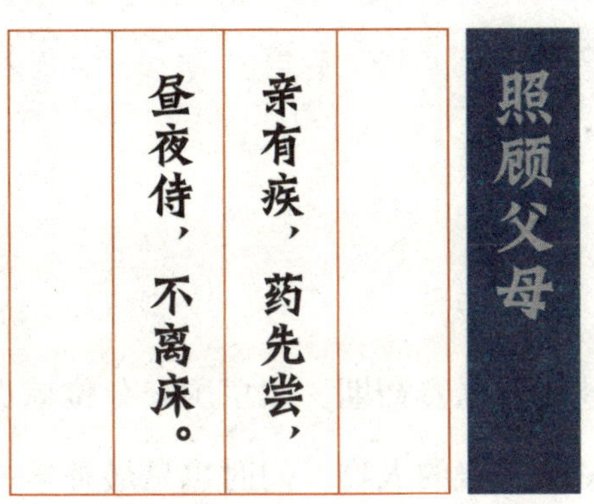

释义：

双亲如果染病，煎药子女先尝，白天黑夜侍奉，左右不离病床。

敲黑板：

“爸爸，你怎么了？”“爸爸有点儿不舒服，不想吃饭，你吃吧。今天训练累了，多吃点儿。”

爸爸生病了，不需要小鞠先去尝药，也不需要小鞠日夜服侍，但爸爸不吃饭不行啊。小鞠想了个办法：爸爸先吃一口，小鞠再吃一口。这个办法有效——为了让小鞠多吃，爸爸也会尽量多吃。多吃东西，身体有抵抗力了，才能打败病毒，小鞠要让爸爸快快好起来。

开讲：

中国足球职业联赛初期，北京国安有位球员叫曹限东，当时他是北京家喻户晓的人物，同时也是最朴素的一位球星，所以北京人都亲切地叫他“东子”。

东子司职中场，把控节奏的能力很强。那时候北京足球的特点是“小、快、灵”，前场有高峰冲锋陷阵，中场有曹限东“穿针引线”。曹限东有一手任意球绝活，不仅能经常直接破门，还能给队友送出绝妙助攻，被大家称为“金左脚”。他的左脚脚法是怎么练成的呢？曹限东的答案很简单：“就是‘铁杵磨成针’，我虽然是左撇子，但我的家族并没有这个基因。好的脚法必须得练，加班加点地练。”

曹限东 1998 年转会到了青岛队，但赛季结束后他义无反顾地回到了北京，之后加盟北京宽利队，这是一支在甲 B 苦苦挣扎的弱队。好好的甲 A 不踢，东子为什么非要回北京踢甲 B 呢？主要的原因是他惦记年迈的父母。曹限东在少体校的时候，他父亲就生病了，东子每天训练刚一结束就匆匆离场。那时候他的教练还非常奇怪，觉得曹限东这孩子挺刻苦的，为什么突然不加练了呢？后来教练了解到，他是急着早点回家照顾父亲。

曹限东提出离开青岛队时，青岛队对他极力挽留，但曹限东没有犹豫，他还给青岛队俱乐部的领导写了一封信，表示家中老人重病缠身，作为一个儿子，他想离老人近一点儿，不给人生留遗憾。由于写的都是心里话，青岛队俱乐部的领导看了很感动，就成全了他回家尽孝的心愿。2000 年，曹限东的父亲去世，在老人生命最后的岁月里，他一直陪在老人身边。

对父母是孝，对队友则是义。1996 年，足协杯国安队夺冠，这是中国足球职业化以后北京足球赢得的第一个冠军。赛后的颁奖仪式，作为国安队队长的曹限东捧起冠军奖杯再正常不过，但他特意拉上了队里的“老大哥”魏克兴一起捧杯。曹限东解释道：“魏克兴年龄最大，虽然他打比赛很少，但是在队里‘老大哥’的地位和形象一直都在，他也是球队的灵魂之一。国安队里有一种北京的文化，把老队员、老教练看作是一块丰碑，类似的事情是我们作为晚辈应该做的。”

由于伤病东子早早退出了国家队，从球场成绩的角度而言，东子不算他们那代球员里最成功的，但说起他的人品，没有人不竖起大拇指。

曹限东这一代球员，是中国足球职业联赛初期的代表性人物，也是北京国安队当年掀起“绿色狂飙”的领军人物。因为他们的出色表现，北京国安队先后赢得甲A联赛亚军和足协杯冠军，也打造出了至今都十分火爆并极具特色的主场气氛。

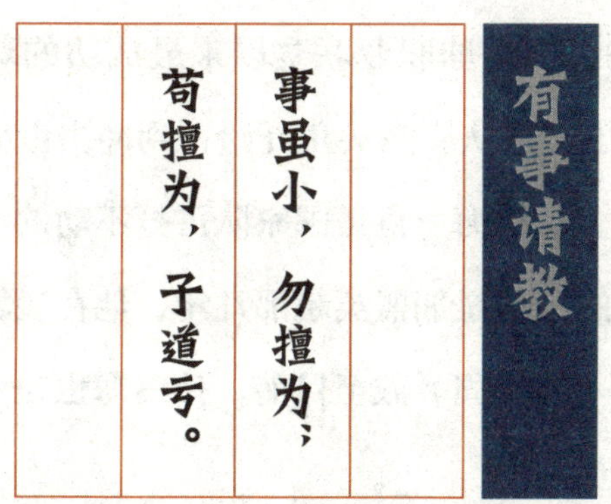

释义：

哪怕事情再小，切勿自作主张，如果擅作主张，有失子女本分。

敲黑板：

“不听老人言，吃亏在眼前”说的也是一样的道理。无论事情大小，都要多向父母长辈请教，他们的人生经验更丰富，很多时候能给后辈提供很好的参考意见。

如果任性而为，犯了过错，不但有违为人子女的本分，到时候后悔也来不及。

开讲：

孙继海是中国足球职业联赛以来最成功的球员之一，从1995年在大连万达队崭露头角开始，到冲击世界杯并出现在世界杯赛场上，孙继海一直是国家队雷打不动的主力边后卫。孙继海最耀眼的经历是加盟英超那几年，他在曼城队的主力位置和在国家队一样稳固。截至目前，孙继海也是中国留洋球员中最成功的球员之一。

说到孙继海，就不能不提到他的父亲。田径运动员出身的孙亮宗不仅是孙继海的父亲，还是孙继海的兼职体能教练和人生导师。上小学的时候，孙继海参加学校田径运动会，获得100米、400米、跳远三项冠军。父亲本来一心想让他练田径，

但孙继海选择了足球。孙亮宗对儿子说：“不管你从事什么项目，记住两点，第一是技术要好，第二是身体要好。”孙继海将父亲的话铭记于心，从小时候练球到在职业赛场上大放异彩，他从没放松过自己的体能训练，身体脂肪含量一直保持在 5% 到 10% 之间，这在中国足球运动员里十分罕见。

训练听父亲的，饮食上的特殊补给也是父亲说了算，孙继海曾在接受记者采访时说，从十四五岁开始他就在父亲的要求下一直坚持每天吃一只海参，以补充营养；除了“海参大法”外，孙亮宗还为孙继海专门配置了“孙氏靓汤”，即便在英超曼城队效力期间，孙继海回国休假时也会在父亲的指导下吃好、练好，保持状态，甚至连春节期间也不会间断。

在父亲多年的科学训练和食疗下，孙继海的体能状况在中国足坛首屈一指，这也是他能一直踢到近 40 岁的秘诀。

孙继海最关键的一个人生节点，也是父亲的教诲起了作用。2001 年世界杯预选赛前夕，因为和主教练米卢沟通不好，孙继海一度被排除在主力阵容之外。孙继海回到大连队后情绪非常不好，参加足协杯时还“吃”到了红牌。回家后，孙亮宗对孙继海进行了严厉的批评：“任何时候都不能把情绪带到比赛中去，你要相信自己的实力，连这点儿挫折都承受不了，连这点儿问题都解决不了，只能让别人看不起你。”

父亲的话一下子点醒了孙继海。后来，米卢到大连参加球员李明的婚礼时，借着李明的喜酒，孙继海主动与米卢接触，两个人不仅在所有参加婚宴的嘉宾及记者面前握手言和，而且还在晚些时候进行了单独交谈。孙继海态度诚恳，表示自己之前在训练中做得不够。这次见面消除了孙继海和米卢之间的误会，再加上积极的态度和出众的能力，在此后的十强赛和世界杯决赛中，孙继海始终是主力球员。

小事情决定了大方向。那是中国队截至目前唯一一次征战世界杯，要是没听父亲的话错过了，孙继海得多遗憾呀！

2002 年 2 月，大连实德队宣布孙继海加盟当时尚处于英甲联赛的曼城队。而后孙继海随曼城队成功重回英超，开始他长达 6 年的英超生涯。他为曼城队出场 130 次，打进 3 个球，被球迷誉为“中国太阳”。2015 年 10 月，孙继海凭借在曼城队踢球时的出色表现，正式入选英格兰足球“名人堂”。

孙继海创造了诸多历史纪录，他是第一位在英超进球的中国球员，也是第一位入选英格兰足球“名人堂”的中国球员。

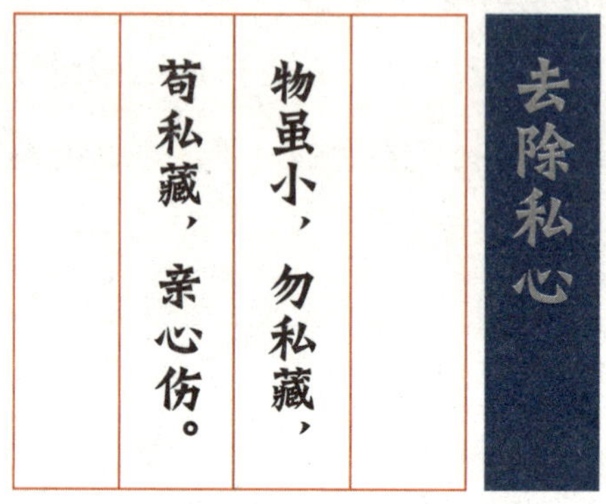

释义：

哪怕再小东西，也不可以私藏，私自据为己有，会让双亲伤心。

敲黑板：

当遇见最喜欢吃的巧克力、最喜欢的漫画书时，小鞠心想：藏到自己的抽屉里多好，什么时候想吃就吃，什么时候想看就看，就不用和哥哥分享了。

不单是小鞠，其实每个人都需要经常调理“私心”。妈妈下班回到家，觉得很累，很想躲到屋里睡上一大觉，可她还是走进厨房，为一家人准备美味的晚餐；爸爸和自己的同学好久没见了，可爸爸想到已经答应小鞠一起看《足球小将》，就谢绝了同学的邀请。爸爸妈妈用“爱”赶跑了“私”，让一家人的生活更加美好。

开讲：

小的“无私”，是爱自己的家人；大的“无私”，是爱自己的国家。

来自利比里亚的维阿就是这样一个伟大的球员。

1995 年，欧洲的金球奖改制，这项悠久而权威的奖项将不再仅仅是欧洲人独享，改制后，所有在欧洲俱乐部效力的球员，不分国籍都能够参与评选。由此，“金球奖”成为国际足坛最有分量的个人奖项之一。

那一年，维阿率领巴黎圣日耳曼队获得法国联赛杯、法国杯双冠王，并进入欧冠四强，他也以正赛 7 个进球的战绩夺得冠军杯最佳射手，力压克林斯曼，成为历史上第一位获得“金球奖”的非欧洲球员。之后他加盟当时欧洲最强俱乐部 AC 米兰，第一个赛季就帮助球队赢得意甲冠军。在整个足球生涯中，维阿获得过一次“金球奖”，一次“世界足球先生”，三次“非洲足球先生”，他被称为非洲足球历史上最伟大的球员之一，也是整个非洲足球的骄傲。

在效力利比里亚国家队时，因为球队整体实力太弱，维阿在赛场上无太大作为，但维阿对利比里亚足球作出的一切，却是他人生最值得纪念的经历。

由于利比里亚国内政治形势动荡不安，在效力巴黎圣日耳曼队和 AC 米兰队时期，维阿用个人所挣的薪酬支持饱受内战的利比里亚国家队训练、比赛。1995 年，利比里亚足协因为交不起国际足联的费用导致国家队面临停赛，维阿拿出 5000 美金补足了费用。1996 年，利比里亚国家队参加非洲杯决赛，维阿承担了整个球队的服装、交通、住宿等所有费用。1998 年世界杯预选赛期间，维阿承担了利比里亚国家队的赢球奖金和客场比赛的费用。维阿还曾身兼队长、教练、足协主席三个职位，参加 2002 年世界杯预选赛和非洲杯。那时候，没有维阿，就没有利比里亚国家队。

作为顶级球员，维阿在职业赛场上获得的收入，足以让他在世界上任何一个地方过上富裕舒适的生活。但在维阿眼里，这些都是小事情，他要实现的是大梦想。由于从小目睹了国家的各种政变，所以他立志要改变自己的国家。

退役之后，维阿出任联合国儿童基金会的亲善大使，资助利比里亚上万名失学儿童重返校园。2014 年，西非爆发埃博拉病毒，他为利比里亚向国际社会寻求帮助，这使他成为许多利比里亚年轻人的榜样。2017 年，维阿成功当选利比里亚第 25 任总统。结果公布之后，乔治·维阿在社交媒体上写道："我的利比里亚同胞们，我深深感受到了来自全国人民的情感，也深深了解到所需承担的巨大任务和责任。变化仍在继续。"

人们常把祖国比作母亲，维阿作为"利比里亚之子"，他做到了真正的无私。

2018 年 1 月，在总统就职仪式上，维阿用中文表达了对于中国人民的感谢，并表示将在自己任期之内加强与中国的关系。

1996 年春节期间，CCTV5《世界体育报道》节目组曾经造访 AC 米兰俱乐部，采访了巴乔、维阿和萨维切维奇等米兰球星。当时维阿对着镜头用中文说了声“谢谢”。他表示，自己小时候家乡的铁路就是中国援建项目，因此他与很多中国的铁路工程师、工人成了朋友，也学会了一些简单的中文，他非常感谢中国人民对于自己国家的支援。

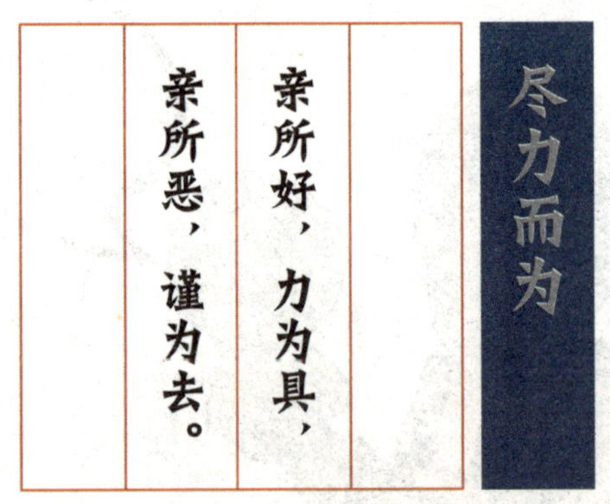

注：

好（hào，喜爱）；恶（wù，讨厌，不喜欢）。

释义：

父母喜爱的，要尽最大努力做到；父母厌恶的，小心谨慎不要去做。

敲黑板：

对待父母，要竭尽全力，这是古人对待“孝”的态度。“竭”是关键。小鞠练习负重深蹲时，用尽全力，才能站起，这种感觉就是“竭”。对待父母，也要尽全力。

能做到的事情，却没有尽力办到，是会让小鞠留下遗憾的。

开讲：

国际足坛有一段特殊的“父子情缘”，就是国米俱乐部主席莫拉蒂和乌拉圭球员雷科巴。

因为长着一张羞涩的东方面孔，雷科巴一直被中国球迷亲切地称呼为“中国男孩”。

1997 年 8 月，在一个阳光明媚的下午，国际米兰队主场迎战布雷西亚队，8 万人涌进体育场，等待着欣赏罗纳尔多的国米“处子秀”。然而，罗纳尔多的风头却被一个和他同岁、

同样来自南美的天才雷科巴抢走了。雷科巴替补出场，同样也是国米“处子秀”，两脚球，帮助“蓝黑军团”逆转取胜。莫拉蒂在看台上欣喜若狂，他看着雷科巴就像看着自己的孩子那样。他通过一盘录像带拍板签下来的男孩儿，果然不同凡响。

雷科巴当年经常去“老爹”家做客，莫拉蒂的孩子们也和雷科巴关系很好。对雷科巴来说，莫拉蒂绝对是一位称职的“父亲”。他会穿着雷科巴的球衣在看台上观战，和雷科巴钓完鱼后一起回家吃饭……

因为罗纳尔多穿走了10号球衣，雷科巴只能身披20号球衣。莫拉蒂鼓励道：“因为你能发挥出两倍于10号的作用，所以你穿上了20号球衣。”

然而，雷科巴的辉煌像流星一样短暂，他的意甲“处子赛季”的数据仅仅是8次出场3粒进球。效力于国际米兰队期间，雷科巴共在正式比赛中出场261次，打进72个球，数据似乎还不错，但平均到11年里，就只能是一个很一般的数据了。更何况，这些比赛中相当一部分是杯赛而不是联赛。

“每年你们都说雷科巴要离开国际米兰了，但每年我都留下了。莫拉蒂就像我的父亲，除非他让我走，否则我是不会离开的。”面对质疑、批评，雷科巴像个被宠坏的孩子一样。

从技术角度来看，雷科巴是真正的天才，但是他不够努力、不爱训练，状态很不稳定，因此他一直都不是主教练所能依靠的对象。除了伤病和主教练战术的因素，还有一个原因，就是雷科巴不够强悍，缺乏对胜利的渴望。因此，他的成就还不如一些天赋远不及自己的球星。对雷科巴有这样一句评价：“如果雷科巴有劳尔或者范尼的职业态度，他会成为继马拉多纳之

后最伟大的球星。但，这个‘如果’难度太大了。”

我们无法揣测雷科巴对国米的感情有多深，也无法揣测雷科巴对莫拉蒂的知遇之恩有多感激，可是，就像那句评价里说的，如果雷科巴再努力一点呢？

雷科巴在国米的“处子秀”，留下过一个经典镜头：莫雷洛作出了为雷科巴擦鞋的庆祝动作，“那场比赛我们 0 ：1 落后于布雷西亚队，但是雷科巴替补出场后连进两球，他的第二个进球是精彩的任意球，是那种你完全想不到的方式打进的任意球，我惊呆了。进球后，我跑到他面前，单膝跪地，作出了给他擦鞋子的庆祝动作，那代表我对他的佩服。”

2006—2007 赛季，雷科巴终于实现了自己的梦想，帮助心爱的国米队取得了意甲联赛冠军。已过而立之年的雷科巴自感无力再帮助球队，随后选择主动离开了国际米兰队。

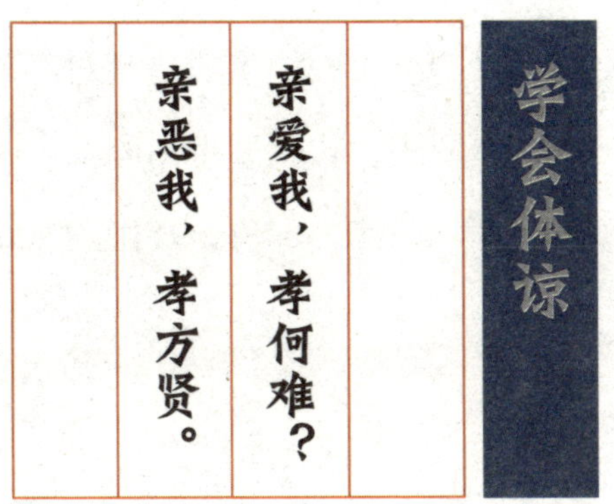

注：

恶（wù，讨厌，不喜欢）。

释义：

父母爱护子女，子女孝顺理所当然；父母责难子女，子女孝顺才显良贤。

敲黑板：

关于这句话有一个故事，说上古有位贤明的君王叫舜，他小时候没了母亲，后来，他的继母生了弟弟，叫象。舜的父亲和舜的继母愚蠢顽固，弟弟象则傲慢无礼，他们都想杀死舜。舜上房顶做事时，他们纵火；舜在地下挖井时，他们填土。舜却对他们并无怨恨，以前怎么待他们，现在仍然怎么待他们。

像舜的父亲和舜的继母做的事情是绝对不可以的，到了现代社会就要用法律去解决。我们换个角度看，这个故事的主要表达的意思是当遇到父母师长不喜欢我们的时候，我们应该怎么做呢？

开讲：

小鞠的教练重用小鞠、器重小鞠、欣赏小鞠，小鞠自然很爱戴他；如果教练对小鞠不够欣赏、甚至有些排斥，小鞠能做到不抱怨不生气、一如既往地刻苦努力吗？吴群立就做到了，所以他后来两次获得“中国足球先生”。

吴群立是 20 世纪 80 年代广东技术足球流派的代表人物之一，他身高 175 厘米，身材消瘦，但技术非常出色，是当时中国足坛最好的攻击型中场球员之一。不过当时的国足主帅高丰文并不认可吴群立。1987 年 10 月，中国足球第一次获得奥运会参赛资格，参赛名单中没有这位赫赫有名的球星。紧接着国足出战 1988 年亚洲杯，由于贾秀全、柳海光两位核心球员远在欧洲效力无法返回，人们都以为这次吴群立会被重用，但没想到他还是没有出现在国家队大名单中。

这主要和主教练高丰文主张的战术风格有很大关系。高丰文在锋线上喜欢重用柳海光这样的高中锋，进攻风格大刀阔斧，属于力量型足球，而吴群立却是“瘦面条”，无论是身体条件还是技术型的踢法，都与教练主张的战术风格显得有些格格不入。

1989 年国足出征世界杯外围赛时，教练考虑到国家队中前场需要更多风格、更多类型的球员，吴群立才终于有机会入

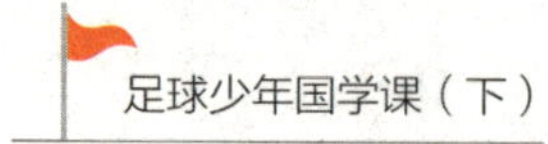

选国家队参加重大国际赛事。

虽然进入了国足名单，吴群立也还只是替补球员。首场国足对阵沙特队，上半场场面极为被动，国足以 0 ∶ 1 暂时落后，吴群立终于获得替补上场的机会。他一出场，就凭借个人突破为国足获得了点球机会，大大改变了国足进攻不顺畅的局面，最终国足 2 ∶ 1 逆转对手，取得“开门红”。第三轮与卡塔尔队交锋时，吴群立又打进一球，眼看胜利在望，可惜最后三分钟，国足因临场指挥失误被对手连进两球遭到逆转。

尽管那次中国队因为两次“黑色三分钟”遗憾地与世界杯决赛圈擦肩而过，但吴群立却彻底奠定了他在中国足球的地位。1991 年，因为率领广州队获得联赛亚军，吴群立获得“中国足球先生”的个人荣誉；两年后，吴群立再度参加世界杯预选赛，国足没能取得出线权，但吴群立个人表现出众，当年年底他又一次被评选为“中国足球先生”。

吴群立踢球的年代，现在看来有些遥远了。少年时候的吴群立就展现出了对足球的热爱与天赋。但那时候中国的经济还很落后，吴群立家里也没有很好的条件供他踢球。1979 年，19 岁的吴群立因为身体太过于单薄，被广州二队淘汰，于是他成了一位工人。身为业余选手，吴群立没有放弃足球，反而训练得更加用心和努力，22 岁时吴群立终于被重新召回广州队。这种经历练就了他坚忍的意志，所以无论遇到什么挫折，都改变不了他为国争光的决心。

退役后的吴群立仍然没有离开他热爱的足球，他在广州成立了非营利性组织“吴群立足球培训中心”，着力培养青少年足球人才。无论球技还是球品，吴群立都很值得后辈学习。2019 年，吴群立被评为“广东足球 70 年十大杰出男球员”之一。

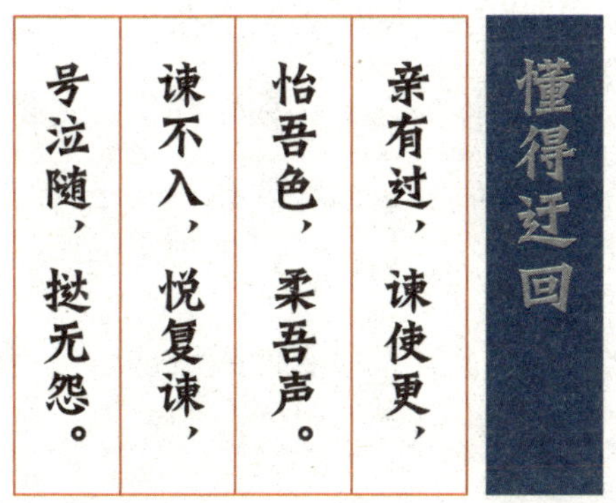

注：

谏（jiàn，规劝尊长或朋友）；更（gēng，改变）；挞（tà，用鞭子或棍子打）。

释义：

父母若有过错，规劝他们改正，劝时和颜悦色，还要轻声细语。父母若是不听，等其高兴再劝，痛哭流涕请求，挨打也无怨言。

敲黑板：

人都会犯错，父母或者师长也不例外。如果发现他们犯错了，该怎么做呢？

古人闵子骞的做法会对我们有所启发。闵子骞幼时生母就过世了，父亲娶了继母，又生了两个孩子。继母冬天给自己生的孩子穿暖和的棉袄，给闵子骞穿破棉袄。父亲知道后非常生气，这样对待孩子的母亲怎么能要呢？闵子骞对父亲说：“母亲在，我一个人挨冻；母亲要是不在了，三个孩子都会挨冻。”闵子骞的规劝，说服了父亲，更让继母认识到自己的错误，从此她对三个孩子都一样好。

需要规劝父母或者师长的时候，痛哭流涕劝说和挨打也无怨言是古人夸张的说法，最关键是出自真心和方法得当。

开讲：

尽管有过很多的矛盾、争吵，但国际足坛仍像一个大家庭一样，国际足联就是这个大家庭的家长，如果“家长”的工作有什么疏漏，大家都会给它提一些建议。足球运动的规则就是这么一步步得以完善的。

在现代足球史上，有很多比赛都出现过门线“悬案”和“冤案”，尤其是四年一次的世界杯，出现误判会让球迷非常痛心，同时也会引发大家关于足球运动规则和技术的广泛讨论。

2010年南非世界杯，英格兰队与德国队在淘汰赛中相遇。比赛中，英格兰队球员兰帕德一脚远射打在球门横梁上，足球弹到地面时其实已经越过了门线，然后弹出球门。当时主裁判距离球门较远，边裁也没有任何表示，英格兰队的这粒进球就被“抹杀”了。这大大影响了全队的士气，最终英格兰队以2∶4告负。

这场比赛结束之后，大家纷纷要求国际足联修改有关规则，引入视频回放技术，以避免类似的漏判。但国际足联考虑再三，认为如果引进视频回放，场上一旦出现争议，只要有一方提出观看视频，后续比赛势必会受到很大影响，所以没有采取大家的建议。

率先作出改变的是欧足联，欧足联决定增加两位底线裁判，位置分别位于场地两端的底线附近，专门观看足球是否越过门线或底线。2012 年欧洲杯，底线裁判首次在大赛中被启用，然而在比赛中还是出现了漏判。英格兰队与乌克兰队在小组赛最后一轮比赛中，乌克兰队的一脚射门足球其实已经越过了球门线，但这一次又被漏判了。这次漏判直接改变了出线结果，原本有机会进入八强的乌克兰队被淘汰了。

事实证明，人都会犯错误，只有科技才是最可靠的。终于，国际足联听取了大家的建议，启用了“鹰眼技术”。一旦足球越过门线，裁判员就会收到提醒。从此以后，“门线冤案”没有再出现。

但“鹰眼技术”只能解决是否进球的问题，很多漏判问题依然存在，比如有的不该判的点球判了，该判的点球却没判；有的进球其实是越位了，有的反越位却被误判为越位。于是，视频回放技术的引进再度被大家提起，而且呼吁的声音越来越大。

作为足球大家庭的“家长”，国际足联这一次听取了各个成员的意见，引入了视频裁判。在场上出现争议判罚后，主裁判可以通过观看视频来决定判罚结果，同时视频助理裁判会一直监督视频，一旦出现漏判，便会在第一时间向裁判发出提醒。

在科技的助力下，现在的足球比赛越来越公正了，这就是足球大家庭成员给“家长”建议的结果。

1863 年，英国人在伦敦皇后大街弗里马森旅馆成立了世界第一个足球协会——英格兰足球协会，制定并通过了世界上第一部较为统一的足球竞赛规则，并以文字形式记载下来。这也被认为是现代足球诞生的标志。

在现代足球发展的 100 多年的历史中，曾多次出现规则变更和革新，这一切都是为了保证比赛的公平性。

和睦为本

兄道友，弟道恭，
兄弟睦，孝在中。
财物轻，怨何生？
言语忍，忿自泯。

注：

忿（fèn，愤怒，怨恨）；泯（mǐn，灭，尽）。

释义：

哥对弟要友爱，弟对哥要恭敬，兄弟和睦相处，自然孝在其中。财物看得轻些，怨从哪里而生？语言彼此忍让，愤怒自然消失。

敲黑板：

“孔融让梨”的故事可谓家喻户晓，只有四岁的孔融，和哥哥们一起吃梨。他先拿，却拿了一个最小的，爸爸问为什么，他说：“我最小，应当吃最小的。”

“让”前面还有一个字，是“谦”。谦让，是互相的。你退一步，我也会退一步，各自退一步，空间就有了，就会和睦；而你进一步，我也进一步呢？没有空间了，才会有争执。

开讲：

在中国足坛上，曾经有一支著名的“兄弟连”，那就是健力宝队。

20 世纪 90 年代，为了落实“足球从娃娃抓起”，由中国足协全国选拔并组建、广东健力宝集团公司出资赞助成立了一支青少年足球队。1993 年 11 月，22 名少年在主教练朱广沪的带领下，启程奔赴巴西圣保罗，开始了他们的足球追梦之旅。

与今天的物质条件相比，那时的条件还是很艰苦的。有一篇文章这样描述了健力宝队到达巴西后的情景：“来到距离机场 300 多公里的荒凉山庄，大家沸腾的心情马上沉寂下来了。球队没有训练场，没有大巴车。随着时间的推移，队里的文化教员、翻译、队医都走了，厨师也受不了寂寞而离开了。”

生活训练的艰苦，背井离乡的愁绪，并没有击倒这群少年。除了教练的陪伴，小伙伴们也在彼此鼓励着，留下了很多值得回忆的瞬间：李金羽当师傅，教商毅把衣服放洗衣盆里泡，结果训练比赛后他们就忘了，衣服一泡一个星期，都泡坏了；全队一起吃两个西瓜，队员们感觉从来没吃过那么好吃的西瓜；谁拿出来一点儿零食，都会一起分享；正在长身体的阶段，有时候半夜饿醒了，大家会偷偷到厨房翻找食物；轮流值日，为球队准备晚餐，要自己动手做饭；出门倒垃圾时要结伴儿，因为草丛里会有蛇、蜥蜴等，需要有一个人拿棍子在前面赶，另一个人在后面跟着；一起跟朱教练去吃正宗的巴西烤肉，去看南美解放者杯的决赛；为了给郝伟治病，花了全队一个月的生活费；最惨的时候，整支球队面临“断粮”的风险，幸亏中国足协的领导们当机立断，拿出协会账面上仅有的一点儿流动资金，才让他们渡过难关……

这样的经历，让队员结下了深厚的友谊，后来，他们也都成长为中国足球的重要球员。1997 年国足冲击世界杯，有 4 名健力宝队球员入选，他们分别是李铁、李金羽、张效瑞、隋东亮，被称为“四小天鹅”；2002 年，国足出现在世界杯决赛圈场上，李铁与李玮峰两名健力宝队球员是国家队主力，世界杯结束后俩人又一起加盟埃弗顿队，在英超并肩作战。现在，李铁成为国家队的主教练，李玮峰退役后开始他的执教生涯。

由于大多数人都工作战斗在中国足球一线，健力宝队球员们难以团聚。但无论相隔多久，见面就是亲人，每个人都感谢

那段岁月给予自己的锻炼，也难以忘怀这份特殊的兄弟情、队友情。

健力宝队走过的青春路，也是中国足球为培养年轻球员而进行的一次探索之旅。该队当时是由 1977 年 1 月 1 日后出生的小球员组成，是以参加 2000 年奥运会和 2002 年以及 2006 年世界杯为目标组建培养的，先后历时五年，三次赴巴西留学，共 29 名队员，其中有 9 人入选过国家队，教练朱广沪曾担任中国国家男子足球队主教练、上海市足球协会主席。

友情篇

如何与朋友们更好地相处？

时间：周末时光

地点：朋友家中

拜访礼节 将入门，问孰存，将上堂，声必扬。

人问谁，对以名，吾与我，不分明。

待人之道 待婢仆，身贵端，虽贵端，慈而宽。

勿谄富，勿骄贫，勿厌故，勿喜新。

掌握分寸 人不闲，勿事搅；人不安，勿话扰。

尊重隐私 人有短，切莫揭；人有私，切莫说。

重信守诺 事非宜，勿轻诺，苟轻诺，进退错。

直言不讳 闻过怒，闻誉乐，损友来，益友却。

闻誉恐，闻过欣，直谅士，渐相亲。

多给鼓励 道人善，即是善，人知之，愈思勉。

扬人恶，即是恶，疾之甚，祸且作。

善于规劝 善相劝，德皆建；过不规，道两亏。

礼尚往来 用人物，须明求，倘不问，即为偷。

借人物，及时还；人借物，有勿悭。

家人之间相处要有分寸，朋友之间更是如此。

周末了，小鞠很想去找自己的好朋友玩，直接去他家，给他个惊喜好不好呢？

妈妈说："要给朋友打电话预约一下，这是基本的礼貌。"

朋友之间，首先要互相尊重，还要互相鼓励、真诚相待，只有这样，好朋友之间才能有说不完的话，才能彼此陪伴、共同成长。

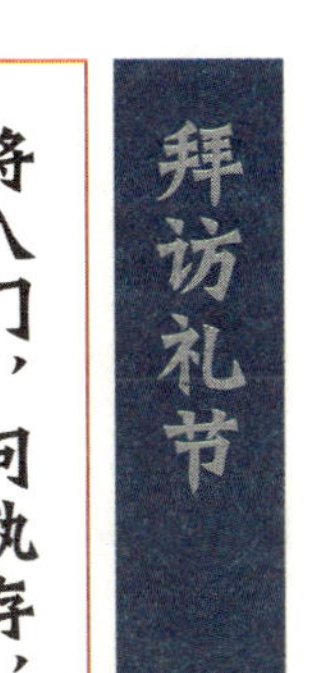

将入门，问孰存，

将上堂，声必扬。

人问谁，对以名，

吾与我，不分明。

注：

孰（shú，谁）。

释义：

要进人家大门，先问是否有人，要入人家厅堂，大声让人知晓。人家问你是谁，定要回答姓名，如果只说是“我”，对方怎能分清。

敲黑板：

在古代，突然有客人登门，那是惊喜。现代社会生活节奏变快，大家对于每天的生活都有安排，事先预约是基本礼仪，不请自到则变成了不礼貌。

到小伙伴家门口，或者敲门或者按门铃，这是礼貌。到了小伙伴家里，小鞠应该怎样做，才是懂礼貌呢？这很简单，如果是小伙伴们到小鞠家来玩，小鞠希望他们怎么做呢？希望别人做到的，小鞠自己也要做到。

开讲：

去朋友家需要注重礼仪，也需要带着诚意。

设想这么一个场景。

“丁零零”，著名教练瓜迪奥拉的家门铃响了。他在屋内问：“请问是谁啊？”屋外回答：“我是曼城俱乐部的啊。教练您好，我们交个朋友好不好啊？”

场景是虚构的，故事是真实的。交朋友，要表现出自己的诚意，更要尊重对方的意愿，曼城俱乐部当年能请到国际足坛第一名帅瓜迪奥拉，就是遵循了这一原则。

瓜迪奥拉执教巴塞罗那队四个赛季后，在 2012 年选择辞职。四年里，瓜迪奥拉率巴萨 2 次夺得欧冠奖杯，3 次成为西甲冠军，至于西班牙超级杯、西班牙国王杯、世俱杯、欧洲超级杯等，更是拿到“手软”。瓜迪奥拉刚从巴塞罗那队辞职，便引来各大豪门俱乐部的抢夺，当时出手阔绰的曼城俱乐部对瓜迪奥拉志在必得。然而，瓜迪奥拉却选择了执教德甲“班霸”拜仁慕尼黑队，曼城队不得不退而求其次，请佩莱格里尼执教。

瓜迪奥拉在拜仁队执教了三年，夺得德甲三连冠，但由于俱乐部没能在欧冠赛场有所斩获，瓜迪奥拉和拜仁俱乐部之间曾有过短暂的不和，曼城队一度准备见缝插针，挖走瓜迪奥拉，同样的场景再设想一下。

“丁零零”，瓜迪奥拉的家门铃响了。他在屋内问：“请问是谁啊？”屋外回答：“我是曼城俱乐部的啊。瓜帅您好，现在我们可以做朋友了吗？”

可惜最终瓜迪奥拉还是选择执行完和拜仁的三年合约，于是，曼城队选择和佩莱格里尼续约，继续等待瓜迪奥拉。

这种等待也是有准备的，为了得到瓜迪奥拉的认可，曼城俱乐部甚至更换了管理层，他们请来了前巴萨副主席索里亚诺，让他担任俱乐部的首席执行官；请来了前巴萨足球总监贝吉里斯坦，让他担任足球总监。这两个人，都是瓜迪奥拉昔日的同事和好友。

“丁零零”，门铃隔一段时间就响一次，一直到2016年2月，曼城俱乐部大大方方地在官网上宣布新朋友即将到来。

经过几周的沟通之后，曼城俱乐部与瓜迪奥拉达成了一致，从2016—2017赛季，瓜迪奥拉将成为曼城队的主教练，双方签约三年。在2012年，双方曾进行过讨论，可是最终没有合作。这次的谈判是上次讨论的延续。曼城俱乐部出于对佩莱格里尼和球员们的尊重，在事先沟通后向公众宣布了这个消息，从而消除那些不必要的误会。佩莱格里尼先生非常支持球队的这个决定，他想的只是尽力实现球队本赛季的目标。

传闻曼城俱乐部给瓜迪奥拉开出了高额的年薪，但这显然不是瓜迪奥拉选择加入的主要原因，瓜迪奥拉说：“我选曼城，因为好早之前曼城就想要和我合作。贝吉里斯坦和索里亚诺都在这里。这两人和我私交都很好，我们在巴萨共事过，索里亚诺是最初带我到巴萨的人。”

曼城俱乐部和瓜迪奥拉的“牵手”也很快创造了历史：2017—2018赛季，瓜帅率领“蓝月亮军团”在英超赛场所向披靡，最终以破纪录的100分获得冠军，曼城队也是英超历史上第一支积分破百的球队。

知多一点

2020 年 11 月，曼城俱乐部官方宣布，瓜迪奥拉与曼城续约两年，合同延长至 2023 年，瓜迪奥拉对此进行了一番表白："在我来到曼城之后，我感受到了所有人对我的支持。从那时起，我们一起赢得了很多荣誉，我们不断进球，赢得比赛并捧起冠军奖杯，我为我们取得的成就而感到自豪。我希望曼城球迷会因为我们而感到自豪。空荡荡的球场让人伤感，希望疫情很快过去，我们可以尽快再在一起。"

待人之道

待婢仆，身贵端，
虽贵端，慈而宽。
勿谄富，勿骄贫，
勿厌故，勿喜新。

注：

谄（chǎn，巴结，奉承）。

释义：

对待婢女仆人，注意端庄品行，自身端庄之余，还要仁慈宽厚。不应谄媚富人，不应傲慢穷人，不应讨厌故人，不应只喜新人。

敲黑板：

古代社会中低人一等的“婢仆”已经不存在了。现代社会每个人承担的社会职能不同，但无三六九等之分。既然大家平等，就要以“平等心”待人。

见了富人就巴结，不是平等心；见了穷人就傲慢，不是平等心；喜新厌旧，也不是平等心。小鞠已经开始接触到金钱了，它是个复杂的家伙，有着两张面孔：如果小鞠处置妥当，金钱就是“天使”；如果处置欠妥，金钱就会露出“魔鬼”的一面。

以利交友，就像拿出一把稻米喂麻雀，麻雀们会一起飞过来，等到稻米吃光，它们又会四散而去。

君子之交淡如水。水，虽然平淡无味，但贵在长久，怎么喝也不腻，而且我们每天都要喝水。

开讲：

小鞠平时的生活中，会遇到很多人，比如修剪草皮的叔叔，打扫食堂的阿姨，把守校门的爷爷，他们不像老师、教练那么威严，但对小鞠来说他们同样重要，小鞠应该怎么对待他们呢？

我们看看世界上最成功的豪门俱乐部是怎么做的。

皇马俱乐部不仅市值、营业收入最高，历史战绩也排在职业足球俱乐部第一位。皇马已经取得了 13 次欧冠冠军，在

2016 年至 2018 年间，皇马取得欧冠三连冠，在此之前，还没有任何一家俱乐部在改制后的欧冠赛场中能够卫冕。

这家成立于 1902 年的足球俱乐部，不仅有着悠久的历史、辉煌的战绩，还给无数人带来了精神的力量，皇马俱乐部的终身名誉主席迪斯蒂法诺曾经这样写道：“我始终记得，在踏入伯纳乌球场的一刹那，在生活中遇到困惑的男人们，在人生中不如意的女人们，都受到我们的影响，重新振作起来，从阴霾中走出来，是皇家马德里给了他们力量。”

这样美好的画面，是由一代又一代的人们一起造就的，这位终身名誉主席对此充满了感恩之情："在皇家马德里的发展历程上，有无数人向我们伸出了援助之手，无论是公司、组织还是个人。如果皇家马德里是一部英雄史诗，那么这些善意和慷慨的举动，就是这部史诗里的每一个段落、每一个瞬间，没有他们，就没有皇家马德里光荣灿烂的今天。"

皇马俱乐部刚成立时，每当球员们有比赛的时候，总会有个人为这家新诞生的俱乐部忙个不停，而他并不是这家俱乐部的球员，也不是工作人员。

事实上没有人知道他到底是谁，甚至没有人能够叫出他的全名，人们只是称呼他为波耶洛。波耶洛也曾为皇家马德里踢过一年的比赛，那个时候他踢左边前卫。波耶洛并不是一名出色的球员，但他是这支球队重要的一分子，他会为球队的队员擦鞋，为比赛制定战术，所有力所能及的事情他都会去做。他还在附近的球场上寻找有足球天赋的孩子，并游说他们加入球队。

由于时间久远，俱乐部只记得有这样一个人的存在，却无法说出这个人的准确姓名。直到今天，皇家马德里还在找寻这个人的信息，期待与他重逢。当然，这是一个不太可能实现的梦想，但皇家马德里的今天正是由无数个像波耶洛这样的人在背后默默付出换来的。如果有可能，皇家马德里愿意对他们每一个人说一声“谢谢”。球场上球星们风光无比，神采奕奕，可在背后甘做绿叶的人们，也是真英雄。

每一个认真工作的人，都是英雄。碰到那些为我们忙碌的叔叔阿姨们，小鞠记得要对他们说声谢谢！

皇马终身荣誉主席迪斯蒂法诺是皇马历史上最伟大的球员之一，他在皇马当球员的 11 年时间里出场 510 次，打进 418 个球，拿到 8 次联赛冠军，帮助皇马连续五年获得欧冠冠军，更传奇的是每场欧冠决赛他都有进球。

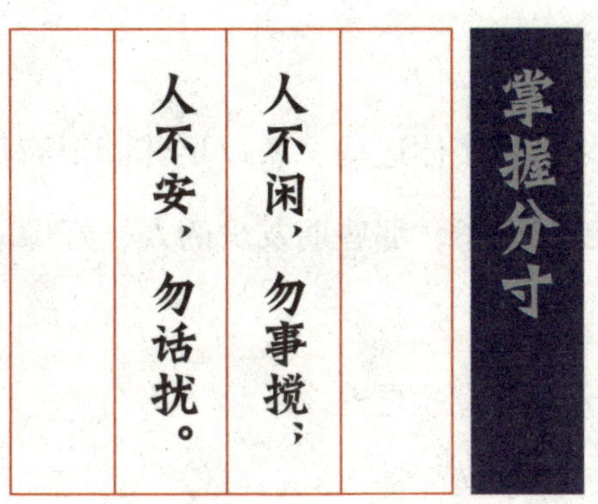

释义：

别人没有时间时，切勿多事打扰；别人内心不安时，切勿多嘴干扰。

敲黑板：

生活中每个人都有自己的节奏，所以，并不是小鞠的每一次邀约，都能得到朋友的回应。被回应“不”的时候怎么办？学会一个字，“恕”。

如心，就是恕。如谁的心呢？如自己的心。遇到事情，拿到心里比一比，再推己及人，这个过程，就是“恕”。

掌握了这个字，小鞠不管和谁做朋友，就都能掌握好分寸了。

开讲：

由于足球是项集体运动，所以足球圈很流行交朋友，似乎朋友越多，越有面子；那些朋友少的人，好像就不合群了。

上海球员吴承瑛就是这么一个“不合群”的人。网上有这样一种说法：吴承瑛性格内向、孤僻，不愿与外界接触，甚至有人说他比较“冷血”。

“冷血”的吴承瑛在场上霸气十足，抢断凶狠，前插助攻能力也很出色，是当仁不让的“拼命三郎”，当年球队后勤还没有那么完善的时候，吴承瑛身穿的申花 4 号球衣常常“供不应求”。特别是客场的白色球衣，一次次倒地铲球，摧毁了对手的进攻，也让球衣“不胜重负”。

球迷把吴承瑛称为“最佳左后卫”。米卢执教国足之后，对他在训练和比赛中的积极态度非常欣赏，吴承瑛坐稳了主力位置，他在国足冲击 2002 年世界杯的过程中立下了汗马功劳。2001 年 10 月 7 日，国足在沈阳五里河体育场 1 比 0 战胜阿曼，历史上第一次打入世界杯决赛圈，吴承瑛身披国旗、球衣胸前几个鲜红的大字：“中国足球从未感觉这么好”，这是他少有的激情张扬时刻。

场下的吴承瑛是一个沉默寡言的人，他最好的朋友是李金羽，十强赛和世界杯期间，由于李金羽没有入选国家队，他在队中就经常一个人待着。

吴承瑛的生活圈子非常简单，除了足球就是家人。所谓“君

子之交淡如水”，他对谁都“不冷不热”，也不喜欢那些表面上的热闹。2002年世界杯前后，中国足球得到的关注度很高，球员也都享受着当大明星的感觉。尤其是当有球员结婚的时候，往往明星云集，但吴承瑛从不参加这样的场合，他自己的婚礼则谁都没请，静悄悄地就办完了“人生大事”。

吴承瑛的父母都是高校职工，在这样的家庭环境熏陶下，吴承瑛很注重自己的文化修养，他从不在球队拉帮结派，也不愿意参与到球队的是非矛盾当中。他特立独行，洁身自好，所坚守的就是四个字：把球踢好。

“也不是冷酷，我就是不太会说话，言多错多，不如不说。”多年后回忆起在那个万众瞩目的年代中显得“不合群”的自己，吴承瑛只是轻轻一笑，“总有人会去说的，我站在后面认真做事就好。”无论是在俱乐部还是国家队，站在左后卫位置上的吴承瑛，的确做好了自己的事情。

这样一位不爱被人打扰的朋友，值不值得尊敬呢？

2020 年 4 月，吴承瑛迎来 45 岁生日，亚足联特意在官方微博上为他送去生日祝福，这引来不少球迷对这位中国左后卫的关注。退役后，吴承瑛一直过着低调的生活，2015 年，他重新回到足球行业，创办了上海强普足球俱乐部，投身于足球青训工作。

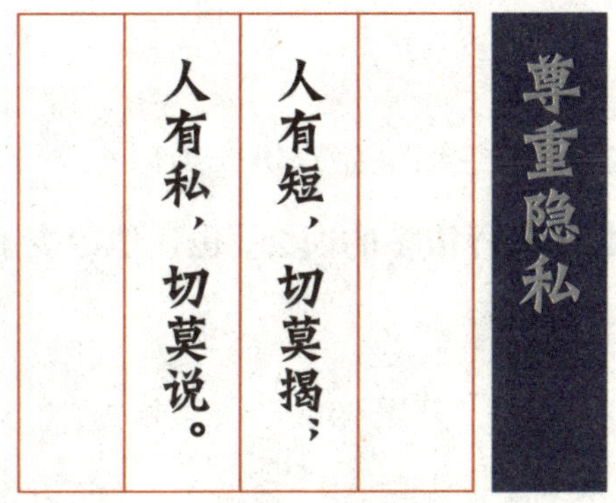

释义：

他人缺点短处，不要随意评论；他人个人隐私，不要轻易传扬。

敲黑板：

和小鞠一样，每个人都有自己的隐私，不愿意公开，不希望被别人知道。

再好的朋友，也不能去打听人家的隐私。即使不小心知道了对方的秘密，也绝对不能张扬。不能做不负责任的“小喇叭”，而应该做一个帮朋友默默消解心事的“树洞”，这才是对朋友、对他人最起码的尊重。

开讲：

有一段时间，荷兰球星克鲁伊夫不得不严守着一个秘密，这个秘密，引起了外界很多的误会，也让他遭受了很多的非议。

和“球王”贝利、“足球皇帝”贝肯鲍尔一样，克鲁伊夫也被大家认为是划时代的巨星。我们前面提到过他取得的辉煌成绩，这里再讲一个围绕他发生的故事。

1974 年世界杯决赛，克鲁伊夫所在的荷兰队和贝肯鲍尔所在的东道主德国队相遇，结果荷兰队以 1 ： 2 输掉了这场非常重要的比赛。1978 年世界杯，荷兰全国人民都希望能够弥补上一届的遗憾，但克鲁伊夫表示，他不会出现在这届世界杯赛场上。上届世界杯最佳球员的退出成了一个重磅消息，轰动了整个足坛。结果，荷兰队再次与冠军擦肩而过。在与东道主阿根廷队进行的冠亚军决赛中，双方在比赛第90分钟时战成1 ∶ 1。90分钟比赛即将结束的最后一刻，荷兰队错过了一锤定音、赢得比赛的机会，伦森布林克近在咫尺的射门打在了球门立柱上；加时赛阿根廷队又连进两球，1 ∶ 3，荷兰队四年后痛上加痛，徒留了一个“无冕之王”的名声。人们都说，如果有克鲁伊夫在，结局肯定不会是这样，克鲁伊夫成了荷兰没能夺冠的“罪魁祸首”。

克鲁伊夫到底为什么要退出球队呢？每个人都试图挖掘出这个秘密，有人说他是不愿意在当时的阿根廷政府面前表演，有人说他因为奖金问题与荷兰足协有矛盾，有人说是因为他老婆的“耳旁风”起了作用。

朋友、球迷、媒体、同行，面对着来自大家各种各样的非议，克鲁伊夫选择不解释。直到2008年，克鲁伊夫才揭开了事实的真相。1977年年末，克鲁伊夫遭到了绑架，当时他被歹徒拿着枪威胁，他的妻子被绑了起来，三个孩子在旁边的屋子里睡觉。最终他和家人幸免于难，但他被深深地震惊了，“当被人用枪指着头时，我意识到生命比足球更重要，鉴于当时的

情况，我已无法参加世界杯了。”

在大家纷纷猜疑、谴责克鲁伊夫时，他们显然也都忘记了另外一件事：1978 年 5 月，克鲁伊夫参加了他 14 年足球生涯的最后一场告别赛，他把 50 万马克的收入全部捐给了荷兰的残疾人体育机构和阿姆斯特丹的儿童癌症医院。作为一个出身贫寒的人，他始终在尽力帮助那些生活贫困的人。

真相被揭开，很多荷兰人都因为当年对克鲁伊夫的指责而感到愧疚。这件事告诉我们一个道理：不要轻易去非议别人的长短，因为我们看到的和我们了解到的，不一定就是真相。

荷兰队曾三次闯入世界杯决赛，均折戟而归，被大家称为“无冕之王”。但“橙衣军团”涌现出了众多世界巨星，如克鲁伊夫、巴斯滕、博格坎普、范尼、范佩西、斯内德、罗本等。

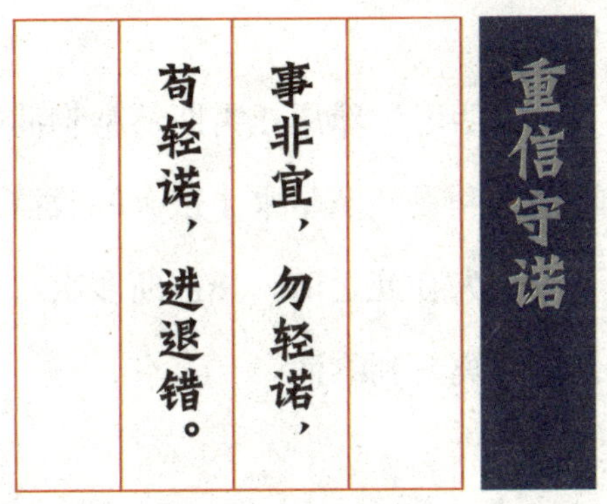

释义：

不合时宜之事，不要轻易许诺，如果轻易许诺，做与不做都错。

敲黑板：

小鞠肯定听说过这样一句话，“为朋友两肋插刀”，说的是朋友之间要讲义气。

讲义气很对，但讲义气也是需要原则的，我们真的能“两肋插刀”吗？显然这只是一种夸张的说法，反过来看也是一种提醒：不要被一时的热情冲昏了头脑，不要拍着胸脯去开“空头支票”。

开讲：

2011 年 1 月，西班牙球星托雷斯从利物浦队转会切尔西队，虽然他的转会为利物浦队带来了很大的收益，但很多球迷都感觉被背叛了。因为在此之前，托雷斯多次对利物浦球迷表示，自己绝不会主动离开利物浦。

当时，托雷斯已是“红军”利物浦的头号前锋，风头甚至不亚于队内“招牌”杰拉德。从马竞加盟利物浦后，托雷斯表现一贯稳定且高效，球迷对他异常宠爱，即使在托雷斯状态陷入低迷、长时间不进球的时候，球迷给予他的也永远是掌声和鼓励。托雷斯的主动离开，深深伤害了利物浦球迷，也伤害了

很多对他寄予厚望的人。在一次活动中，利物浦队老球员福勒故意反穿了托雷斯的 9 号球衣，意在抨击托雷斯对“红军”的背叛。因为托雷斯加盟利物浦后正是继承了福勒的 9 号球衣。

巧合的是，托雷斯转会切尔西队后，首秀就对阵旧主利物浦队。利物浦的队歌叫作“永不独行”，比赛中利物浦球迷打出“背叛的人永远独行”的标语嘲讽托雷斯。托雷斯在比赛中形同梦游，其表现被称为英超近十年历史上最差劲的巨星首演。

加盟切尔西队后，托雷斯也给切尔西老板阿布许下了一个承诺：“我会用很多的进球回报你的。”这个承诺，托雷斯同样没能做到，因为加盟切尔西队的第一个赛季，托雷斯上场14次，仅仅打进一球。

对比一下托雷斯在利物浦队效力和在切尔西队效力的数据：在利物浦队，托雷斯出场142场，打进81球，在切尔西队，托雷斯出场182场，仅仅打进45球，他从一名世界级前锋变成了一位平庸的替补。

托雷斯状态下滑主要有两个原因：第一个原因是加盟切尔西队后他被伤病拖累，爆发力与速度大不如前，而速度是托雷斯赖以生存的法宝；第二个原因是这次转会引发的广泛关注，给托雷斯带来了沉重的思想负担，偏偏他加盟切尔西的第一个赛季又表现比较糟糕，这进一步加大了他的压力。他曾经谈到那笔巨额转会费，“这仿佛是一笔债，而我如何能够还清呢？”如此一来，托雷斯便陷入恶性循环当中，越不进球越着急，越着急就越不进球。

而这一切，都是从他转身离去，留给利物浦球迷一个背影开始的。

杰拉德和托雷斯，他们两个在利物浦队时是最佳拍档，联手在英超刮起了“红色旋风”。

杰拉德曾经是利物浦足球俱乐部、英格兰队队长，是利物浦俱乐部历史上任期最长、参赛场次最多的队长，也是队史欧战进球纪录保持者。2015 年 5 月的一场比赛是杰拉德在利物浦队 17 年职业生涯的最后一战，710 场的坚守，换来的是离别时大家的尊重。利物浦球迷在看台上打出了巨大的横幅标语——“我们将永远追随”。还有一幅标语更为动情，“最好的现在就在，最好的曾经就在，最好的永远都在。”

2015 年 3 月，托雷斯曾受杰拉德的邀请，回到利物浦队主场参加全明星慈善赛。比赛结束后，杰拉德特地带领托雷斯绕场感谢球迷，这唤起了大家那些美好的回忆，利物浦球迷再次把掌声给予了这位昔日的宠儿。

托雷斯在国家队则相对顺利很多，2008 年和 2012 年他跟随西班牙队两度夺得欧洲杯冠军，2010 年随队夺得世界杯冠军，其个人在 2008 年荣膺“欧洲杯决赛 MVP”、2012 年获得“欧洲杯金靴奖”、2013 年获得“联合会杯金靴奖”。

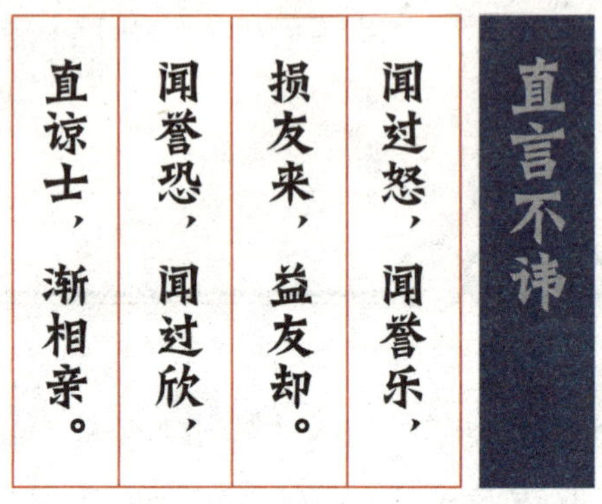

直言不讳

闻过怒，闻誉乐，

损友来，益友却。

闻誉恐，闻过欣，

直谅士，渐相亲。

释义：

听到批评愤怒，听到表扬欢喜，损友越来越多，益友渐渐疏远。听到赞誉不安，听到批评欣喜，正直诚实之人，慢慢与你相亲。

敲黑板：

人的耳朵，都会犯同一个毛病：赞誉恭维来了，就张得大大地去迎；批评指责来了，就关门上锁不让进。

喜欢恭维的是“损友”，捧起来言过其实，把你捧到半空中，再跌下来，摔得会很惨，这叫“捧杀”；喜欢直言相劝或批评的是“诤友”，明明知道你不爱听，还要说出来，这是真朋友，为你好。良药苦口，却利于病；忠言逆耳，却利于行。把朋友对自己说的“刺耳”忠言听到心里去，小鞠能做到吗？

开讲：

巴西足坛名将邓加就是一位诤友。

邓加是 20 世纪 90 年代巴西国家队的队长，他司职后腰，能拼善抢，球风朴实无华。在众星云集的巴西队里，邓加并不是一位耀眼的人物，却被教练委以重任，原因很简单：他铁面无私，有话就说，在他的率领下，巴西队的战术纪律得以大大提高。

1994 年巴西队征战世界杯，队中名望最大的球星是罗马里奥。罗马里奥是一位天才级的球员，1993 年他效力于巴塞罗那俱乐部，一个赛季 33 场比赛打入 30 个球，帮助球队第四次夺得联赛冠军。时任主教练克鲁伊夫曾经这样点评罗马里奥：只要给他一平方米的空间，他就可以改变一切，他的射门是真正的足球“百科全书”，只要随意地轻轻一脚，对方的球门就会轰然“倒塌”。罗马里奥又是一位极富个性的球员，他被称为“独狼”，主要是因为他桀骜不驯的性格以及独来独往的处事方式。为了约束“独狼”，巴西队主帅佩雷拉让邓加担任队长，还让邓加与罗马里奥成了室友。

结果是罗马里奥在场内、场外都没有做什么出格的事情，相反他的表现非常出色，七场比赛打进了 5 粒进球，这 5 粒进球分别在五场比赛中打进，粒粒关键。他和贝贝托等队友大跳“摇篮舞”的庆祝场面，成为世界杯历史上永恒的经典。最终，

巴西队获得1994年世界杯冠军，罗马里奥获得“金球奖”。

这一年罗马里奥也获得了“世界足球先生”的荣誉，但回到俱乐部之后，再没人能约束这位“独狼”了。他开始目空一切，不顾俱乐部的规定私自延长自己的假期，被俱乐部罚款、停训、停赛。之后他辗转数家俱乐部，和俱乐部斗、和队友斗、和球迷斗，坏脾气与日俱长，负面新闻不断。1998年世界杯前，这位上届“金球奖”得主没能入选巴西队的大名单。

如果说1994年管束“独狼”没有具体可见的细节，1998年世界杯，全球观众都在电视机前看到了邓加作为“诤友”的一面。小组赛对摩洛哥队，摩洛哥队球员在一次进攻中摔倒，主裁判罚了任意球。由于不满贝贝托没有及时回防，邓加大发雷霆，丝毫不留情面。邓加狮子般的怒吼再次使球队稳住了阵脚，巴西队闯进了决赛，最后获得亚军。

邓加被称为是巴西足球的最后一位“独裁者”，之后，巴西队中更加星光闪耀，里瓦尔多、大罗、小罗、卡卡、阿德里亚诺、罗比尼奥等世界顶级攻击手云集。天才的聚集，让他们赢得了2002年世界杯冠军；纪律的缺失，也让他们丢掉了本可能夺得的桂冠：2006年世界杯四分之一淘汰赛，法国队齐达内开出任意球，亨利垫射破门。亨利破门时，号称世界第一左后卫的卡洛斯正在系鞋带。无缘四强之后，主教练佩雷拉辞职而去，他曾感慨："如果邓加在，我们还可以拿冠军。"一支球队不仅需要明星，更需要战术纪律，需要邓加这种时刻提醒队友的精神支柱。

知多一点

2006年7月，邓加接替佩雷拉成为巴西队主帅，这足以体现他在巴西队的地位，因为在此之前他并没有任何执教经历。他上任之后的第一个决定，就是将卡福、罗纳尔多以及卡洛斯等老将清除出国家队。铁腕治军，对大牌绝不心慈手软，这是邓加在2006年至2010年期间给巴西队打上的硬汉风格。

但邓加麾下的巴西，失去了"桑巴韵味"，充斥着实用主义，他的选人也遭到质疑。面对众多的批评，邓加显示出其固执的一面，这导致他第二次执教时成绩十分糟糕，2014上任，2016年竟然在美洲杯小组赛中未能带队出线，之后他被巴西足协辞退。

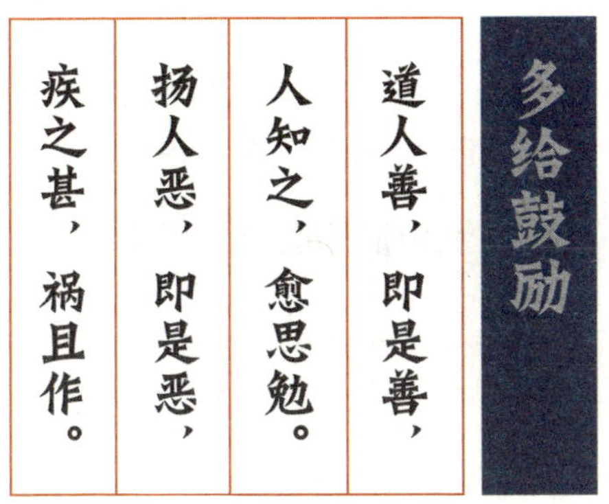

释义：

赞美别人善行，其实就是行善，对方听到赞美，愈加勉励自己。宣扬别人恶行，其实也是作恶，怒斥别人过分，也会招来灾祸。

敲黑板：

孟子曾说过：“责善，朋友之道也。”这句话的意思是用善来相互劝勉，是结交朋友的准则。到底什么是“善”呢？真是善，美是善。“真”“善”“美”不分离。

但是，批评别人之恶，一旦过分，就会引发灾祸。这怎么理解呢？因为每个人都有自尊心，我们要做“诤友”，见到别人不对的地方要勇于指出，同时，也要注意方式、方法，不能伤害到对方的自尊心。

开讲：

“良言一句三冬暖，恶语伤人六月寒。”赞美和欣赏的态度，能把对手变成惺惺相惜的朋友。

本书上册讲述“卡尼萨雷斯的香水瓶”时，我们提到过西班牙著名门将卡西利亚斯和他的辉煌战绩。其实在和卡西利亚斯同时代，还有一位伟大的门将，那就是意大利门将布冯。布冯职业生涯一共获得了 11 次意大利足球甲级联赛冠军，他帮助意大利国家队夺得第 18 届世界杯冠军。2006 年 7 月，布冯获得了“雅辛奖”。

卡西利亚斯的偶像就是布冯，他后来回忆：“我 17 岁就进入皇马一线队，18 岁登上冠军杯赛场，每场比赛我都是信心十足地上场。”因为布冯也是 17 岁开始在帕尔玛队出任主力门将的，卡西利亚斯激励自己：“布冯能做到的，我也可以做到。”

2008 年，卡西利亚斯与布冯在欧洲杯淘汰赛上狭路相逢，两位门神表现都完美无缺，120 分钟都没有丢球。点球大战中，卡西利亚斯在四轮扑救中，全部猜对方向且扑出两球，在与布冯的点球对决中取得完胜。2012 年的欧洲杯，意大利队两次遭遇

西班牙队，一次小组赛，一次决赛，意大利队虽然小组赛战平过对手，但是决赛却输了 4 个球。胜负之外，两位门将惺惺相惜，他们提起对方都不吝赞美之词，卡西利亚斯评价布冯说：“对于门将来说，布冯永远是他们参照的榜样。”布冯评价卡西利亚斯说：“无论何时，只要我一看到卡西利亚斯的表现，自己就觉得还要有所提高。”

2016 年，在西班牙队 0 ：2 不敌意大利队欧洲杯出局后，35 岁的卡西利亚斯和 38 岁的布冯在赛后紧紧相拥的那一幕，成为卡西利亚斯在国家队中留给球迷们的最后的回忆。2017年，他们又一次在欧冠相遇，三度拥抱、互换球衣的场面感动了无数球迷。他们已经正面交锋过18次，这18次对决，让他们成为真正的朋友，也互相赢得了对方的尊重。卡西利亚斯评价布冯：“他一直被认为是最好的球员之一。我们之间有着健康的、积极的竞争，我们互相欣赏，每次与他的比赛我都感到很快乐。”布冯评价卡西利亚斯：“他是我一直以来都很尊重的朋友和对手。”

正是因为彼此的激励，两大“门神”才会尽力延续着他们的绿茵岁月。2019年，39岁的卡西利亚斯训练时突发急性心梗被送往医院，后经治疗脱离危险，之后他再未重返赛场，但并未宣布何时退役。2020年，42岁的布冯依旧在为尤文图斯队效力。

“雅辛奖”是国际足联于1994年设立的奖项，旨在表彰世界杯上表现最优秀的守门员。国际足联将这个奖项命名为“雅辛奖”是为了纪念苏联著名守门员列夫·雅辛。2010年南非世界杯时这个奖项被更名为“金手套奖”。

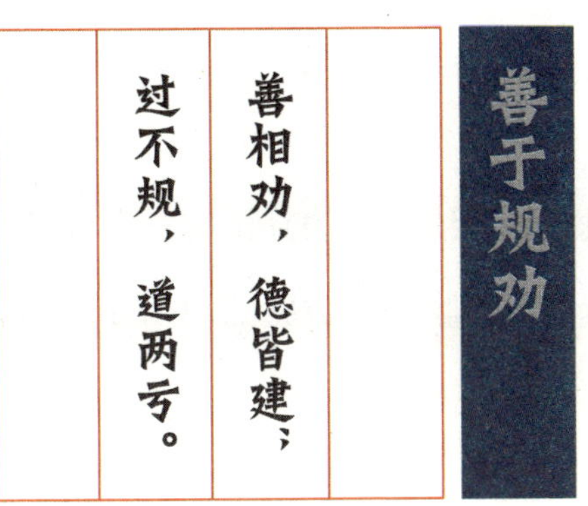

释义：

规劝别人改过，两人德行都长进；有错不去规劝，彼此品德都有失。

敲黑板：

这句话强调的是对于朋友的过错不能视而不见。方式、方法是一方面，更重要的，是要显示自己的“诚”。发自内心的，是“诚”，发自内心的规劝，再顽固的人，也会被感动。怕的是“过不规，道两亏”，这一旦发生，会让人非常痛心。

开讲：

2015 年，上海发生了一起案件，有位主持人在酒店大堂和出租车司机发生纠纷，他的几位朋友不仅没有息事宁人，反而对出租车司机拳打脚踢，事后他们因寻衅滋事被判刑。

这群人中有一位是曾经深受球迷喜爱的球星——高峰。中国职业联赛初期，高峰效力于北京国安队，他速度奇快，脚法出众，突破犀利，不仅成为北京球迷的宠儿，还征服了全国球

迷。1997 年，世界杯亚洲区十强赛，中国队客场挑战科威特队，双方在比赛 90 分钟时打成 1 ： 1。比赛最后时刻，高峰在右路插上，接孙继海传球，过了三名科威特队球员，禁区前横切跑动中将球打入。这记绝杀，让高峰赢得“快刀”称号。

但这把“快刀”的锋芒非常短暂，一切要从 1997 年的一次转会说起。当时甲 A 出现一家新俱乐部叫前卫寰岛，主场在球市火辣的重庆。因为资金雄厚，这家俱乐部在全国签约一线球星，球队阵容堪称中国足坛的第一支“银河战舰”。但俱乐部缺乏经验，尤其缺乏对大牌球员的有效管理手段。球队纪律涣散，缺乏足够的凝聚力，尽管有重金支持、媒体热捧、球迷追逐，但钱并没有“喂”出冠军和榜样，反而让球员们有了放松的机会，形成了不好的习气。

1998 年，俱乐部请来以管理严格著称的韩国教练李章洙，李章洙十分看重球员的训练态度和职业精神。在这位“铁帅”的治理下，高峰失去了主力位置。1999 年赛季末，高峰因为无法上场比赛而离队返回北京。

2000 年，李章洙率领的重庆队发挥出色，获得甲 A 联赛第四名，并在足协杯决赛中以 4 ： 2 战胜北京国安队，获得俱乐部历史上第一个全国冠军。多年后，李章洙仍对高峰感到惋惜：“高峰就是一个天才，是亚洲足坛天赋最高的球员之一，可惜他就是不珍惜。”

高峰的朋友特别多，圈内的说法就是他为人“特仗义”。在关于高峰的报道中，出现过“一位熟悉高峰的朋友”，他是这么对记者说的：“高峰的身体素质异于常人。不管怎么喝酒，他都不长小肚子。第二天只要跑步出出汗，照样打比赛。”高峰自己也满不在乎：“我喝点儿酒怎么了，不影响比赛训练就行。在足球场上，我不输给任何人。”

高峰输给了他自己。2003 年 1 月，作为天津泰达队老将的高峰在赛季前体测中犯规，被取消成绩，就此他宣布退役。等他再出现在公众视野中时，他的一身才华，只能在一些业余比赛中去展现了。

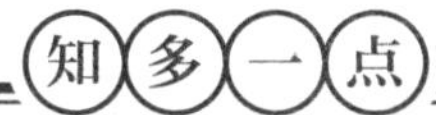

知多一点

高峰可能忘记了，自己小时候是一个多么热爱足球的孩子。一到休息日，他早早起床，换上运动服和球鞋一个人去隔壁球场练球，风雪无阻。在小学四年级的时候，高峰拿了双百分，妈妈送他一双贴球钉的球鞋做礼物，他抱着这双鞋睡了一宿。

等他长大了，却一步步怠慢了足球这位好朋友。

礼尚往来

用人物，须明求，
倘不问，即为偷。
借人物，及时还；
人借物，有勿悭。

注：

悭（qiān，吝啬）。

释义：

借用别人物品，必须当面请求，如果不问就拿，即是与偷等同。借用别人物品，定要及时归还；别人找你借物，如有不要吝啬。

敲黑板：

我们一直在讲，好习惯的培养就是从每一件细小的事情开始的，越是不起眼的，越要重视。有借有还，礼尚往来，人与人之间是如此，国与国之间也是如此。

深厚的友情,就是在互相尊重和彼此的慷慨中建立起来的。

开讲：

2020 年 3 月，中国援助塞尔维亚抗击新冠疫情医疗队抵达贝尔格莱德，塞尔维亚总统武契奇在现场迎接。因为是特殊时期，武契奇依次与医疗团队以“碰肘”代替“握手”。随后，武契奇在五星红旗上献上了他深情的一吻，以示塞尔维亚在困难时期得到中国政府和人民支持与帮助的深深谢意，这一幕使得现场很多人动容。

在中国抗疫医疗队抵达前后，武契奇有两句话让人印象深刻。第一句话是在医疗队抵达之前，武契奇说：“唯一会向塞尔维亚伸出援助之手的只有中国。”第二句话则是在医疗队到达之后，武契奇说：“这个国家就交给你们了！”

中国为什么要帮助塞尔维亚呢？一方面，这是中国在国际社会体现出的担当精神；另一方面，中国和塞尔维亚两国有着钢铁般的友谊。

说起中国与塞尔维亚之间的情谊，足球是其中很重要的一部分。塞尔维亚足球人才辈出，是中国足球学习的榜样。1988 年 2 月，贾秀全与柳海光加盟了贝尔格莱德游击队，成为中国历史上首批到国外俱乐部踢球的现役国脚。

20 世纪 90 年代中国进入足球职业化联赛以来，第一批在俱乐部乃至国家队执教的教练以塞尔维亚人居多，他们对中国足球的发展起到了不可忽视的作用。

山东鲁能是中超球队中受塞尔维亚足球影响最大的俱乐部之一，俱乐部先后共有四位主教练来自塞尔维亚，桑特拉奇和图拔科维奇是其中最受球迷爱戴的两位。桑特拉奇带领山东鲁能队在 1999 年勇夺甲 A 和足协杯冠军，第一次实现中国足坛“双冠王”伟业，从此鲁能成为中国联赛的顶级俱乐部；图拔科维奇是在山东鲁能执教时间最长的主教练，共执教山东鲁能六个赛季 164 场联赛，率领鲁能队夺得了五个冠军。

2016 年 2 月 13 日桑特拉奇去世，许多山东球迷自发组织悼念活动。桑特拉奇的翻译李良石回忆说，桑特拉奇的心愿之一就是为中国培养年轻队员：“中国足球不景气的核心问题就是缺少好的年轻球员，只要能够培养出一两个世界级球星，整个中国足球都会不一样。”可惜他的计划尚未实现他就突然离开了。

中国国家队冲进世界杯也离不开塞尔维亚教练的功劳。2000 年成为国足主帅的米卢虽然国籍改为了墨西哥籍，但他是土生土长的塞尔维亚人，其倡导的足球体系也延续了塞尔维亚技术流的风格。此前米卢执教不同的国家队均在世界杯中创造了佳绩，到了中国后他同样不负众望，率领国足在 10 强赛中一路领跑、毫无悬念地杀进世界杯决赛圈。同时，米卢也带来了更为先进的足球理念，“态度决定一切”，他要求队员们学会享受足球，踢快乐足球。

这就是朋友之间的“有借有还”，借助塞尔维亚教练的援助和指导，中国足球取得了很大的进步；当塞尔维亚在新冠疫情下面临困境时，中国也果断伸出了援手。彼此间有真情厚意，就一定会有慷慨互助。

自 2004 年中超联赛成立以来，先后共有 40 多位塞尔维亚球员来中国踢球。在中国职业足球联赛外援进球榜上，曾效力北京国安队的塞尔维亚前锋耶利奇，以 40 粒进球位列外援总射手榜第 13 位。

上场篇

如何对待每一场比赛？

时间：比赛日

地点：竞技场

尊重对手　凡是人，皆须爱，天同覆，地同载。

约束自我　将加人，先问己，己不欲，即速已。

树立赛风　恩欲报，怨欲忘，抱怨短，报恩长。

强调合作　凡取与，贵分晓，与宜多，取宜少。

德才兼备　势服人，心不然，理服人，方无言。

无所畏惧　同是人，类不齐，流俗众，仁者稀。

果仁者，人多畏，言不讳，色不媚。

不断进步　能亲仁，无限好，德日进，过日少。

不亲仁，无限害，小人进，百事坏。

成为王者　勿自暴，勿自弃，圣与贤，可驯致。

小鞠最心潮澎湃的时刻，是不是和队友们一起踏上比赛场呢？

平日里，我们不断地观摩、学习、训练，就是为了能进入比赛场。

眼前的画面多么美好呀，绿色的草坪，看台上的观众，啦啦队的喝彩声，师长朋友热烈的目光，和伙伴们大喊一声“加油”吧！

胜利是我们比赛的目标，当然，比赛的含义，绝不仅仅是取得胜利那么简单。

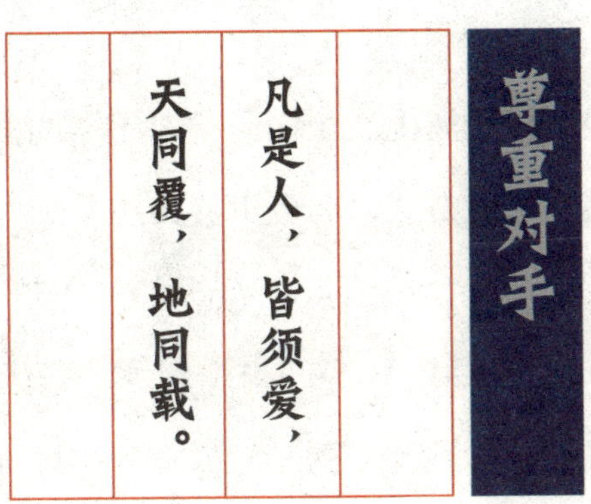

释义：

人与人之间，应相亲相爱。同在蓝天下，被大地承载。

敲黑板：

比赛是要分出胜负的，每一个人也都在拼搏努力，追求胜利。但是，追求胜利，并非要将对手视为仇敌。

“爱人者人恒爱之。”你爱别人，别人也会爱你。像爱队友一样爱你的对手，这是“博爱”。一个博爱的人，他的心中装着的是整个世界。

开讲：

有的时候，足球场上甚至没有“对手”的概念，所有球员会在场上通过特殊的方式，向全世界传达爱。

2020 年 6 月，西甲联赛迎来重启后的首场比赛，塞维利亚队与皇家贝蒂斯队展开“德比大战”。比赛开始前，两队围在球场中圈举行默哀仪式，哀悼新冠疫情中的逝者。

2020 年 7 月，以一段 VCR《我们回来了》开场，2020 赛季中超联赛在大连和苏州两赛区开赛。开幕式取消了往年的文艺演出，重点突出“抗击新冠疫情”部分，开幕式主题为“回归、哀悼、致敬”。集体默哀一分钟之后，医务工作者、军人、警察、社区工作人员、物流服务人员……这些抗疫英雄的身影通过 VCR 出现在现场大屏幕上。

新冠疫情导致全世界体育赛事停摆，一系列重大国际赛事延期，东京奥运会延期一年，欧洲杯延期一年。联赛重启时，由于疫情原因，看台上空空荡荡，没有观众，但这份情感仍传递到了世界各地。默哀仪式既是对逝者的怀念，也代表着人类面对灾难时不屈不挠的精神，代表着体育运动给人类带来的正能量。

这样的情景曾一次次在足球赛场上出现过，2008年中国汶川地震时，西甲塞维利亚队主场赛前默哀，这是西甲历史上第一次赛前打出中文条幅。2011年，日本发生大地震引发海啸，导致福岛第一核电站核泄漏，两万多人失踪、死亡。当时正值亚冠比赛进行期间，天津泰达队主场对阵日本大阪钢巴队，日本球员戴着黑纱出场，现场数万观众为遇难者默哀。比赛进行到第24分钟时，泰达队球员陈涛射门得分，进球后的陈涛并未狂喜庆祝，而是与队友一起双手指向天空，为日本地震及海啸的遇难者祈祷。

2021年6月，欧洲杯小组赛丹麦队对阵芬兰队。比赛进行中，丹麦队球星克里斯蒂安·埃里克森突然倒地，芬兰队门将赫拉德茨基率先高呼，所有人一起奔向埃里克森，主裁判果断吹停比赛并呼叫医护人员入场。

随后发生的一幕幕场景都体现了足球场上的大爱：丹麦队队长克亚尔以百米冲刺的速度跑到埃里克森身旁，协同队友进行抢救，防止埃里克森吞舌窒息；专业医疗团队抵达后，克亚尔迅速让位，转而安慰泣不成声的埃里克森的妻子萨布丽娜；现场球迷一同为埃里克森祈祷，芬兰球迷高喊“克里斯蒂安”，丹麦球迷则回应“埃里克森”；实施抢救时，丹麦球员拥抱在

一起守护成一道人墙，外圈的芬兰队球员都在含泪祈福；埃里克森被抬出球场时，担架两侧拉起了白布，临近的芬兰球迷也提供了国旗作为围挡。

所幸，一度心脏骤停的埃里克森恢复了意识。被送入医院后，埃里克森给队友们打了电话，告诉队友自己的情况，请他们继续比赛。尽管“走出更衣室并踢完下半场”是一个无比艰难的决定，但丹麦队球员再次走向了赛场。芬兰队最终 1 ∶ 0 获胜，但无论是进球的队员波赫扬帕洛还是其他芬兰队球员都没有庆祝，他们都在为埃里克森祈祷。随后进行的比赛，比利时队 3 ：0 战胜俄罗斯队，打进第一球时，埃里克森的国米队友卢卡库跑向转播镜头高喊：“Chris，Chris，I love you.（克里斯，克里斯，我爱你）”全世界目睹了这一幕的球迷，都在用不同的方式、不同的语言为丹麦人加油。

欧足联将丹麦队对芬兰队的“全场最佳”评给了埃里克森，因为他勇敢地战胜了“死神”。在那恐怖、漫长、令人煎熬的 10 分钟里，现场所有人都做到了最好，因为在生死面前，没有足球，没有对手，没有胜负，有的只是爱。

皇家马德里是所有俱乐部中第一家用佩戴黑纱的方式来哀悼逝者的。

1922 年 3 月，人们惊讶地发现皇家马德里球员的白色球衣上多了一块黑纱。这是皇马球员在向他们刚刚去世的两位队友致哀，此后，在球衣上佩戴黑纱用来致哀的方式在世界足坛开始传播。

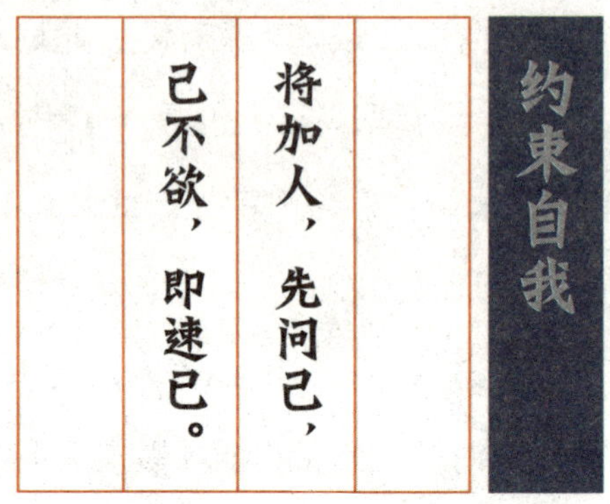

释义：

加给别人之事，首先问问自己。自己都不愿意，那就迅速停止。

敲黑板：

比赛的时候，如果队友因为场下矛盾不传给你球，小鞠愿意吗？如果对手对你恶意犯规，小鞠愿意吗？

“己所不欲，勿施于人”，自己不愿意的事情，永远不要强加给别人。明白了这个道理，在上场比赛之时，小鞠自然就有了对自我的约束。

开讲：

每个时代，赛场上总会出现那么几个有名的“恶人”，他们球风粗野，为所欲为，肆意侵犯对手。有的球员执迷不改，也有的球员会领悟到错误而痛改前非。葡萄牙后卫佩佩就是这样一位硬汉子。

佩佩的能力毋庸置疑，他在群星云集的皇马效力十年之久，取得双重国籍后，被巴西与葡萄牙两支国家队争夺，最终他选择了葡萄牙队。佩佩还有一个外号叫“武僧”，他剃着光头，在足球场上球风粗野。

加盟皇马的第二年，在与赫塔菲队交手时，佩佩撞到对方前锋哈维尔·卡斯特罗，卡斯特罗倒地后，佩佩冲着对方后背连踹两脚，结果被停赛 10 场。2011 年冠军杯时，遇到巴萨队，佩佩恶意蹬踏巴西同胞阿尔维斯，被红牌罚出场。两次国王杯比赛中佩佩对梅西伸“黑脚”，一次踩踏梅西的脚踝，一次踩踏梅西的手掌。冠军杯与里昂队交锋时，佩佩在空中“大鹏展翅”，用膝盖重重顶到对方球员后脑勺上，随后又踹向阿根廷前锋洛佩斯的腹部。佩佩甚至还把“黑脚”伸向队友，在与瓦伦西亚队交锋时，佩佩倒地，队友阿韦洛亚过来询问情况，他

以为是对方球员过来，所以一脚把队友踹倒。

整个职业生涯，佩佩共拿到 13 张红牌，几乎每年都会遭到停赛处罚。佩佩最有名的红牌发生在 2014 年世界杯球队与德国队的小组赛首轮比赛中，佩佩面对德国球星穆勒，一掌推向对方，随后又一头撞过去。佩佩被主裁判红牌罚出场后，葡萄牙队以 0 ： 4 大败。

也就是这场比赛之后，佩佩突然像变了一个人似的。他是这样反省自己的：“因为我的红牌，导致葡萄牙队惨败给德国队，整个世界杯的作战计划被全盘打乱，我再也不能这样下去了。”

后来大家看到的是，每当双方球员发生冲突时，佩佩都会第一个冲上去劝架，也正是因为他的改变，佩佩在职业生涯后期取得了一个又一个冠军。2016 年欧洲杯，33 岁的佩佩一雪前耻，用决赛最佳球员与首个国家队赛事冠军完成自我改变。2015—2016 赛季和 2016—2017 赛季，佩佩助力皇马队连续赢得欧冠奖杯。

2017 年，34 岁的佩佩加盟土耳其贝西塔克斯俱乐部，获得了一份超级合同。2018 年 12 月，佩佩与贝西克塔斯解除了工作合同，原因是俱乐部财政困难，无力支付佩佩的巨额薪水。佩佩离开贝西克塔斯队之前，将现金装进信封，给被欠薪的俱乐部厨师、球衣管理员、设备维护员一大笔“小费”，以表示感谢。

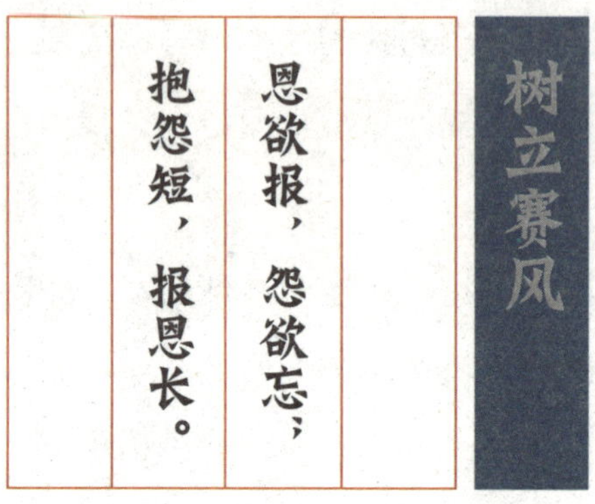

释义：

受人恩惠要报答，和人结怨尽快忘；怨恨越快忘越好，恩情则要长记牢。

敲黑板：

怨恨是有“障眼法”的，一旦被它蒙住双眼，就什么也看不见了，只会想着报复。

小鞠遭到对方恶意“飞铲”，一门心思只想着报复对方。那么，刚刚学过的知识，就原封不动地还给老师了。赛风、赛纪没有了，足球的精彩也随即消失了。

开讲：

中国足球因为战绩欠佳，一直遭受着各种批评，但中国足坛有这么一位人物，只要知道他名字的人都会对他竖起大拇指，他就是容志行。

容志行说过一句很有名的话："如果比赛时遭到对方的恶劣犯规，该怎么办？最好的'报复'就是把球踢进他们的球门。"容志行不仅是这么说的，更是这么做的。由于他技术出众，突破能力强，所以在比赛中他经常遭到恶意犯规。比赛结束后，冷静下来的对手会过来主动致歉。每次遇到这种情况，容志行总是非常诚恳地回复说："你不用道歉，没有发生什么。"

1978 年，"球王"贝利来华访问，在上海和中国队比赛结束退场时，贝利突然把容志行拉住，郑重其事地脱下自己的 10 号球衣，与容志行的 11 号球衣交换，以表示他对中国的这位超级球星的钦佩。

1980 年，国足出访西亚。在一场比赛中，容志行带球突入禁区，对方两名后卫同时冲过来，准备夹击容志行。他俩被容志行闪过之后，重重撞在一起，两人都倒地不起。此时，容志行本可以直接射门，他却停下脚步，询问对方两名后卫的伤势，这博得了满场观众的掌声。赛后，一批当地球迷拥进场内，有节奏地呼喊着：“11 号，11 号！”随后，他们一直将容志行等中国队员送到所住的旅馆。

容志行不仅球风正，球技也一流，虽然他身高只有 171 厘米，但他技术灵活、嗅觉灵敏，是“南派足球”的主要代表人物。经过反复研究和探索，容志行苦练出一种被球迷称作“香蕉球”的弧线球。这种球使用内脚背或外脚背踢，踢球时脚腕使劲摆动，踢出的球成弧线前进，让对手难以判断球的飞行

轨迹。1981 年第 12 届世界杯亚大区决赛，中国队对阵科威特队的比赛中，容志行率先破门得分，为中国队 3 ：0 战胜对手立下汗马功劳。这一胜利，极大地振奋了民族精神，他也成为人民心目中的英雄。

容志行曾三次入选中国“十佳运动员”，是唯一一名入选“十佳运动员”的足球选手。2009 年，容志行成为中国 60 位最具影响力的体育人物之一。

从运动员到教练，再到从事行政工作，退休以后容志行还在为足球青训工作劳心劳力，他把一辈子都奉献给了足球事业。他希望通过一代又一代的努力，能实现三个心愿：国家举办一届世界杯、国足争取一次出线、国足取得一次世界杯冠军。

小鞠和小伙伴们，要为前辈的目标而努力呀！

做人要志在必行，这也是容志行名字的来历。“志行风格”是中国体育界唯一用个人名字命名的精神，这源自容志行在赛场上高超的技术和良好的赛风。

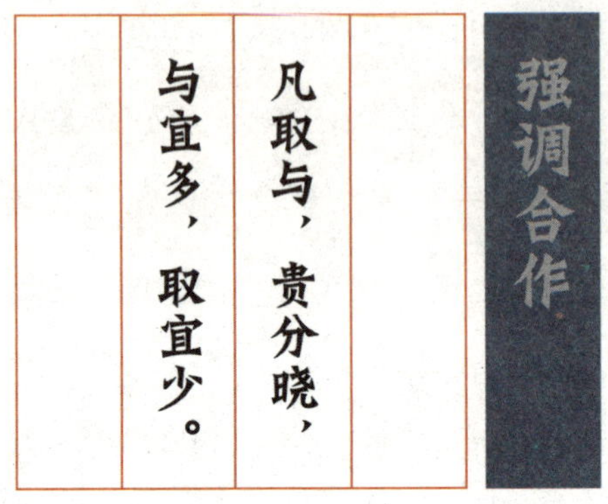

释义：

取得或者给予，贵在明白合理，给予别人应多，自己拿取要少。

敲黑板：

小鞠有一脚破门的机会，得分概率约为 70%。还有一个选择是传球给队友，队友面对空门，99% 会得分。这时小鞠是自己射门呢，还是传球给队友呢？

谁都想破门得分，获得荣誉，而能将这个机会让给他人，只有无私的人才能做到。

无私是非常崇高的精神境界。一支球队的领袖，不一定是技术最好的，但一定是心底最无私的。

开讲：

有这么一位中场球员，他在皇马效力了三个赛季，是队中绝对的主力，然而整整三年时间，他在西甲联赛中从未进球，只在冠军杯上打入一球。

这样的中场球员也能当主力？是的，他不但是主力，而且自他 2003 年离开皇马之后，“银河战舰”一蹶不振，在长达 11 年的时间里与欧冠冠军无缘。他就是法国后腰马克莱莱。

足坛有句名言：“谁不喜欢马克莱莱呢？”一个不进球的中场队员成了公认的世界顶级中场，这就是马克莱莱的神奇之处。

马克莱莱是真正意义的中场“扫荡机”，专门干“脏活”，奔跑、防守、拼抢，哪里需要防守哪里就有马克莱莱。在进攻方面，马克莱莱从不抢攻，虽然他也知道参与进攻能博得更多的眼球，但他就是这么无私，几乎把所有精力全部用到“脏活、累活”上。21 世纪第一个 10 年，世界足坛中谁是最理想的团队型球员呢？马克莱莱说自己是第二，没有人敢称第一。

由于缺少华丽的数据，马克莱莱这种球员很容易被忽略，尤其皇马队巨星云集，马克莱莱就更加显得不那么起眼了。但自从马克莱莱 2003 年转会英超球队切尔西队之后，皇马上上下下才终于体会到他的重要性。当时齐达内就说：“当宾利没有了引擎，向车上再镀一层金也没有用。”失去马克莱莱的皇马队，球队的中场过渡如同少了“润滑油”，没法再流畅地运转了。

马克莱莱效力皇马队的三年，皇马队两度获得西甲冠军，一次捧起冠军杯奖杯。马克莱莱离开时，齐达内、罗纳尔多、菲戈、贝克汉姆、劳尔、欧文、卡西利亚斯、卡洛斯等球星都汇聚于此，但就是这样一支“梦之队”，从 2005 年到 2010 年连续六个赛季都无法冲出欧冠 16 强，外界戏谑地将他们称作“欧冠十六郎”。球队如此尴尬的原因很简单：皇马队拥有很多天才，但他们都是进攻型的前场球员，没有人能像马克莱莱那样心甘情愿地做一名简单的中场“扫荡机”。

得到马克莱莱的切尔西队，在三年之内两夺英超冠军，就是对球员极为挑剔的教练穆里尼奥也对马克莱莱赞不绝口。这位主帅表示，马克莱莱能够完美地执行他所布置的战术，为切尔西队的中场提供强大的支撑。

一支拥有马克莱莱这样的球员的球队，何愁拿不了冠军？

马克莱莱代表切尔西队出场 217 次，攻入 2 球，夺取过 2 个联赛冠军，1 个足总杯冠军和 2 个联赛杯冠军，助力球队闯入 2008 年的欧冠决赛，那也是他代表“蓝军”的最后一场比赛。2019 年 8 月，马克莱莱重回切尔西俱乐部，担任青训技术顾问，他在社交媒体上发文称：“家，这里是甜蜜的家。”

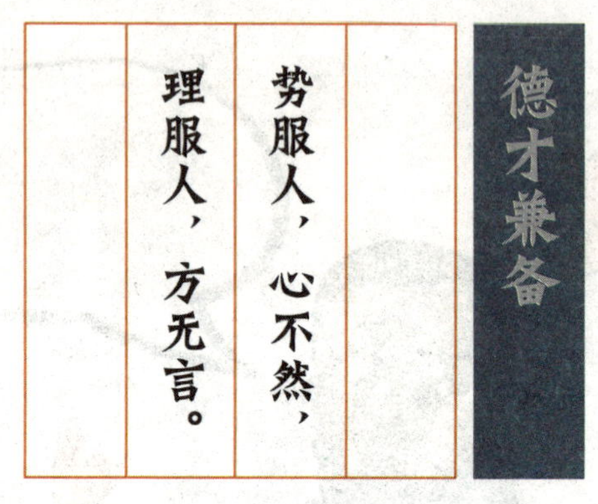

释义：

以势压人，别人口服心不服，以理服人，别人不会有怨言。

敲黑板：

竞技比赛，让对手服输，很难；让对手输得口服心服，难上加难。

足球场上，什么样的球队最让人信服？第一，不惧任何对手，实力出众的球队；第二，打法自成体系，赏心悦目的球队；第三，遵守体育道德，球风优雅的球队。

开讲：

唯有德行和技战术都完美无瑕，才能令对手“无言”。2002 年韩日世界杯夺冠的巴西队就是如此，瓜迪奥拉打造的巴塞罗那“宇宙队”也是如此，还有一支让我们引以为荣的球队——1999 年参加女足世界杯的中国女子足球队。

1999 年在美国举行的女足世界杯，成为世界女足运动发展的重要转折点。比赛汇集了世界上 320 名最优秀的女足运动员，赛事规模达到一个新高度。比赛首次被安排在超大型球场进行，无论是在现场还是收看电视直播、收听电台转播的观众人数都超越以往。

一方面，由于美国的体育市场庞大；另一方面，中美两支强队会师决赛前所向披靡，因此，冠亚军的决赛引发了极大关注。虽然是客场作战，但中国女足配合娴熟、风格清新的技术型打法深得东道主观众的喜爱，在决赛遭遇美国队之前，中国女足转战多个城市，走到任何地方都受到热烈欢迎，国际足联在官网上说：“中国姑娘就像在草皮上下象棋。”

有一个镜头大家至今记忆犹新，小组出线后首轮淘汰赛，中国队遭遇俄罗斯队。当孙雯为中国队首开纪录之后，看台上有一位美国小女孩欣喜若狂，她手里拿着一条小横幅，上面用中英文写着“我爱你，中国女足”。不少美国青少年成为中国女足的粉丝，他们一直追随着中国队，中国队走到哪里，他们就跟到哪里。

半决赛中国队 5 ：0 狂胜挪威队，成为那届世界杯的经典一战。孙雯的突破、刘爱玲的远射、中国队犀利的边路进攻，给国际足坛和众多球迷带来极大震撼，“原来女足比赛可以这么好看！”最终的对决，在包括美国前总统比尔·克林顿在内的 9 万多名现场球迷的注视下，中国姑娘鏖战了 120 分钟，点球大战中以 4 ：5 惜败，屈居亚军。

六场比赛，中国女足常规时间内打进 19 个球，堪称是 16 支球队中的最强火力，队内头号射手孙雯以 7 个进球捧起“金靴奖”，当选赛会最佳球员。

那届中国女足平均身高不到 165 厘米，和欧美人高马大的球员相比，身体条件处于劣势，但中国队灵巧快速的风格独树一帜，很受对手尊重。每场比赛，女足姑娘们出场的时候都会手拉手，一身红装，笑容绽放，“中国玫瑰”成为一道最亮丽的风景线。

美丽足球永远值得怀念。

中国女子足球曾经拥有过一位世界级巨星——孙雯。

2000 年，孙雯和美国队名将米歇尔·阿科尔斯被国际足联授予了 20 世纪“足球小姐”称号。孙雯因为精湛的球技以及辉煌的成绩，被称为“穿裙子的马拉多纳”。作为前锋，她射门欲望强烈，得分能力强，同时又善于回撤中场接应，使中国队的中前场渗透极具威胁。

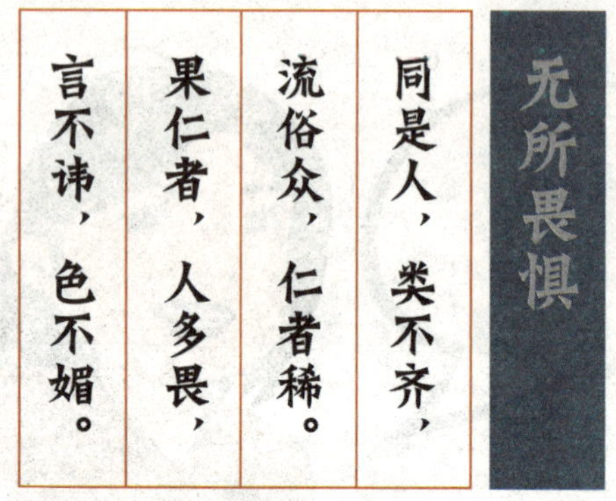

无所畏惧

同是人，类不齐，
流俗众，仁者稀。
果仁者，人多畏，
言不讳，色不媚。

注：

讳（huì，避忌）。

释义：

虽然同样是人，善恶正邪不同。世俗之人众多，仁德贤者稀少。真正仁德贤者，大家自然敬畏，言行坦荡正直，不会讨好献媚。

敲黑板：

这就好比爬山，越往上走，人越少。能到达顶峰的，屈指可数。仁者处于山巅，就像指路的明星。

小鞠立志要踢好球，立志要到达站在世界杯赛场这样的高峰，就要为自己寻找一颗指路的明星。

开讲：

现代足球史上，谁是那颗最亮的星呢？答案非贝利莫属，只有他拥有国际足联的这一封号：“The King Of Football（球王）”。

1945年，家中贫穷的小男孩贝利偷走了父亲的袜子，尽可能地把它团成球形，然后用线扎起来，这就是他和伙伴们的“足球”，铁罐是球门柱，路边就是边线。带球，过人，小男孩把自己变成了球的主人，“或者你天生就天赋异禀，但老实说，我认为一个人生来就是足球运动员是不可能的，只有努力勤奋、坚持不懈、多学多思考，最重要的还有对它的热爱，才能让你成为顶级的球员。”

小男孩让自己成为无人能够超越的顶级球员。

贝利不停地创造着纪录。17岁，他首次参加世界杯，便成为世界杯历史上年龄最小的进球者，决赛中他一人打进5个球；21岁10个月时，他已经打进了500多个进球；27岁，他成为足球史上第一位打进1000个进球的球员；30岁，他成为世界上唯一一个三届世界杯冠军的获得者。职业生涯共参加过1366场比赛，打进1283个进球，他用这样的数字谱写了自己的传奇，“1283”这个数字后来也成为他一本自传的名字。

贝利如此伟大不仅仅是因为他进球多，还有他的速度、力量和技术无人能及，最重要的是，他拥有自己独特的风格，他的“桑巴风”在欧洲是看不到的。贝利所处的年代，欧洲职业联赛已经成型。欧洲俱乐部尤文图斯、AC 米兰、皇马开始向桑托斯队求购贝利。可以想象，按照贝利的能力，他可以选择任何一家豪门俱乐部。但贝利把职业生涯最好的时光留给了祖国，留给了培养他、伴随他成长的桑托斯俱乐部。

贝利开拓了足球的疆域。1975 年，35 岁的贝利在退出国家队后，做出了一个惊人的举动：他宣布加盟纽约宇宙队，参加刚刚起步的北美足球职业联赛，并签了三年合约。贝利的到来，极大地提升了美国足球在国际上的影响力，提高了美国人对足球的关注度，同时吸引了一大批年轻人投身足球事业，这对这片“足球荒漠”来说意义非同小可。

贝利还是一名令人尊敬的足球大使。他是 2014 年巴西世界杯足球赛的形象大使，是桑托斯俱乐部终生全球形象大使。他在世界各地宣传足球运动，和喜欢足球的年轻人交流，推广青年足球运动。在大家眼中，贝利就等同于足球，“很高兴认识你，”罗纳德·里根在 20 世纪早期会见巴西队时说，“我是美国总统。你无须告诉我你是谁——我知道你是贝利。所有人都知道！”

贝利和纽约宇宙队还以另一种形式被载入史册。1977 年，贝利同纽约宇宙队一起抵达北京，成为第一支造访中国的西方职业球队。在同中国国家队的友谊赛中，贝利还打入了一粒任意球。

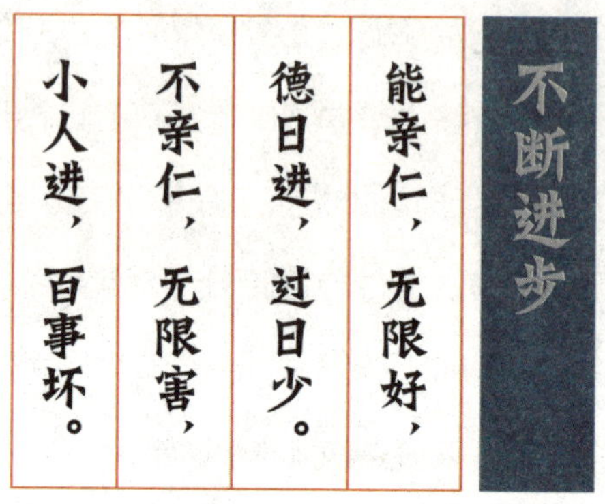

不断进步

能亲仁，无限好，
德日进，过日少。
不亲仁，无限害，
小人进，百事坏。

释义：

亲近仁德贤者，一生无限美好，德行日日精进，过失天天减少。不学仁德贤者，会有无限祸害，小人乘虚而入，事情注定失败。

敲黑板：

小鞠种下一株小树苗，天天浇水，不忘施肥，小树苗茁壮成长。每一棵参天大树，曾经都是弱小的树苗。没有哪棵大树，一晚上就能长成。只要坚持向榜样学习，就会“日进”，就会“无限好”。

开讲：

在足球这个领域“日进”67年，圣地亚哥·伯纳乌先生做到了。

2020年全球足球俱乐部价值排行，皇家马德里以15.69亿美元位居榜首。可是没有伯纳乌，就没有皇家马德里的今天。

14岁时，伯纳乌开始代表皇马青年队参加比赛；17岁时，他进入皇马一线队，很快就戴上了队长袖标；32岁退役后，他担任过球队的主教练以及助理教练；40岁时，他进入俱乐部管理层，成为一名行政管理人员；48岁时，他被选为俱乐部主席。伯纳乌成为皇家马德里俱乐部主席是他人生中的新起点，也是俱乐部的历史时刻。在此之前，皇马在马德里市都只是排名第二的足球俱乐部，在此之后，皇马开始成为世界顶级的俱乐部。

伯纳乌担任皇马主席有35年之久，在这35年期间，皇马获得1次洲际杯冠军、6次冠军杯冠军、16个西甲冠军和6次国王杯冠军，但伯纳乌的贡献远不止于此，他还一手打造出了现代化职业俱乐部的模板。

伯纳乌打造的现代化职业俱乐部有几个特点：

第一，职业化管理。重新搭建俱乐部的架构，将管理部门分成几个不同机构，并由专人负责，这种组织架构在现在司空见惯，但在当时是跨时代的进步；建立职业教练员体系，根据不同年龄段组建梯队；给皇马球迷俱乐部以最大扶持，为皇马

成为欧洲霸主奠定了基础。

第二，战略性眼光。扩大了皇马俱乐部的外延，带来了新的体育项目（篮球、手球、网球），倾力修建了一座当时欧洲最大的体育场，尽管当时人们对这座体育场的评论是：“宏伟的球场对这样一个小俱乐部来说显得太奢华了。”

第三，国际化视野。从国外签入了当时的世界级球星，他们之中的翘楚便是阿弗雷多·迪斯蒂法诺，这些球星组成了当时世界足坛上第一支“多国部队”；协同法国《队报》一起，于 1955 年创建了欧洲冠军杯这一赛事。从 1956 年到 1960 年，皇马完成了欧冠五连冠的伟业，成功保留了欧冠奖杯。这项赛事后来成为顶级的俱乐部赛事，也成为世界上最具有影响力的体育赛事之一。

从队员、教练、球队经理、董事会成员到俱乐部主席，伯纳乌的成功靠的是他坦率的个性、奉献的精神以及认真和公正的品格，当然还有必不可少的学识——20 岁的伯纳乌还在皇马踢球时，就取得了法学学士学位。

“亲爱的朋友们，我渴望能出席俱乐部成立 75 周年庆典。然而残酷无情的病魔和苍老的身躯阻止了我与你们相见。我将献上我真挚的歉意，并祝愿俱乐部 75 岁生日快乐。”以上文字是伯纳乌在 1977 年 9 月发表的一份短短的声明，这也是他发表的最后一份声明。1978 年 6 月 2 日，83 岁的伯纳乌去世了。当天，国际足联紧急开会研究决定，降半旗三天以示哀悼，这在国际足联的历史上是前所未有的。由于恰逢阿根廷世界杯足球赛，世界杯组委会决定在比赛开始前为伯纳乌默哀一分钟。在西班牙，上万名伯纳乌的拥护者流着眼泪，送别了这位皇马历史上最伟大的主席。

皇马俱乐部的主场伯纳乌球场，是所有世界级球星都想去踢球的地方，是所有球迷都渴望能够身临其境的地方。2020 年 4 月，皇马俱乐部公布了伯纳乌球场改造概念的视频——未来的伯纳乌，将满足人们对球场的所有想象。新球场主打未来感，将拥有可以收缩的顶棚以应付各种天气情况，在顶棚下方还将配置一个 360 度的 LED 记分牌。据悉，此次伯纳乌球场的改造将会花费 5.75 亿欧元，球场预计将于 2022—2023 赛季交付完成。

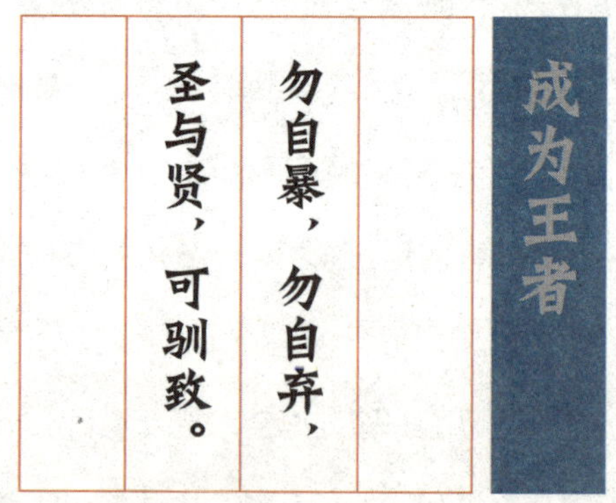

释义：

切勿自暴自弃，圣贤境界虽高，如果循序渐进，同样可以达到。

敲黑板：

“天行健，君子以自强不息”，这样的小鞠，一定会得到所有人的祝福和帮助，一定能跨越一个接一个的障碍，成为自己想成为的那个人。

开讲：

在我们所仰望的足坛群星中，有一位“外星人”，这是一种超越了世俗意义的赞美，人们惊叹于他的才华，认为他拥有非同常人的能力。他就是罗纳尔多。

球迷们一直都记得罗纳尔多经典的那个时刻：1996—1997赛季，巴塞罗那队对阵孔波斯特拉队，罗纳尔多奔跑半场，连过七人，在身体重心失衡的情况下，硬是把球踢进了球门。整个过程如入无人之境，从断球到射门全凭一己之力。对方主帅难以置信，双手抱头，只说了句：“这不是地球人。”

1996和1997两个赛季，罗纳尔多连续获得“世界足球先生”，此时，他刚刚20岁，前程一片灿烂。

但罗纳尔多转会到国际米兰队之后，厄运开始频频降临。1999年11月，在一场意甲联赛中，他遭遇重伤，膝盖髌骨断裂、软组织多处受伤。这次手术加休养，让罗纳尔多休战半年之久。2000 年 4 月，罗纳尔多伤愈复出，然而其中一场比赛仅进行到第 6 分钟，他在做带球“踩单车”时突然瘫倒在地，蜷缩在地上痛苦大喊，大家都知道，麻烦又来了。

罗纳尔多的膝盖髌骨再次骨折，这一次他离开赛场有一年半的时间。2001—2002 赛季，罗纳尔多在国际米兰队仅出场 10 次，打进 6 个球。

奇迹出现在 2002 年韩日世界杯上，罗纳尔多风格大变，他不再利用风驰电掣的速度、令人目眩的连续假动作变向晃动来突破，而是成为禁区内的抢点射手。整个世界杯比赛，罗纳尔多打入 8 个球，尤其在与德国队进行的冠亚军决赛中，他包办了全场两粒进球。巴西队夺冠，五星加身，罗纳尔多成为世界杯最佳球员、最佳射手。

2002 年底，罗纳尔多第三次获得“世界足球先生”称号，此时他已经 26 岁。从 22 岁到 26 岁的四年时间里，罗纳尔多的比赛时间被切割得支离破碎，他不再是什么“外星人”，却仍然是全世界最好的那个。

回忆起倍受伤病困扰的那四年，罗纳尔多说：“我曾经怀疑过自己，但我从来没有产生过放弃的念头，从来没有。”

知多一点

2011年2月14日，罗纳尔多宣布退役："我将我的一生都奉献给了足球，我牺牲了一切，但我并不后悔。因为我的足球人生很美丽、很精彩、也很艰难……"

18年间，他三次获得"世界足球先生"称号，在世界杯赛场两夺金杯，打入15个进球，在巴西国家队，只有贝利的进球数超过他。

长路漫漫，无惧艰难曲折、创造美丽精彩、实现最高梦想，这样的足球人生，愿小鞠和中国足球少年们都能努力践行。

后记
一段知行路

1989 年 7 月，上海体育学院首次面向全国文科考生，招收了 29 名体育新闻专业的学生。

1993 年 7 月，89 级新闻专业学生毕业；1994 年，中国足球职业联赛开始，89 级中有三分之二的同学直接或者间接成为中国足球职业化的见证者和报道者。

董谦、贺晓龙和丛云是其中的三位。

董谦的主队是深圳队，贺晓龙的主队是陕西队，丛云的主队则是青岛队和山东队，我们报道世界杯、奥运会以及大大小小的各种赛事，每逢赛会都是同学聚会。那是足球新闻、体育新闻以及纸媒的“黄金岁月”。

2020 年 7 月，董谦、贺晓龙和丛云相聚于山东潍坊的鲁能足球学校。

27 年过去，丛云“北漂”过十五年，曾是体育记者、媒体高管、创业公司高管，一直是文字爱好者。

董谦曾是体育记者、编辑，后来从深圳回到家乡汨罗，开始自己的“种稻记”，一直是研学爱好者。

贺晓龙“北漂”过一个月，是体育记者、知名体育评论员，

一直是体育爱好者。

三个人的职业生涯中，经历过同一个岗位——体育部主任。三个人后来的职业发展各有不同，三个人有机会聚于鲁能足球学校，只为了这本《足球少年国学课》。

在我们初入职场时，《中国青年报》的毕熙东、《新民晚报》的徐世平、《天津日报》的牛一兵、《齐鲁晚报》的马军鸣等50后、60后新闻前辈，驰骋赛场，激扬文字，是我们学习的榜样。这次相聚，依旧源自马军鸣前辈的带动和启发。作为山东足球管理中心主任、山东省足球运动协会常务副会长，他基于自己的从业经历和多年思考，提出了国学精华与现代足球、始于蹴鞠与成于规矩的命题。

从2019年下半年开始，从云翻阅书籍、查找资料，和董谦热线交流、向业内人士请教。每有所悟，即与马主任沟通，结合他与团队在一线管理中的实战经验，一步步明晰了本书的方向和架构，积累了大量素材，努力去做到“成竹在胸”。

2020年4月，董谦踏上了从汨罗到深圳的路途，为家乡捐建“落莀”公益图书馆的毅行路，50天走完一千公里，他募集到资金150万元，真正实践了“千里之行，始于足下”。

2020年7月，我们同学三人相聚。这些年大家已难得见面，这次见面还是因为足球。贺晓龙帮忙丰富了故事，他 10 岁开始看《新体育》杂志，国内足球比赛至今几乎一场不落，是一个“移动”的体育资料库。

这是一次从选题策划、素材准备、故事确立、撰写编辑到逐步成稿的幸福过程。

封闭写作的时间过得很快。工作室楼下就是足球场，能听见教练一遍遍的授课声、孩子们一脚脚的踢球声。晚上在校园散步，路边的白杨高大挺拔，它们已经在此生长了 21 年。这条路叫作“知行路”。

封闭写作期间，正好赶上每年高考的放榜日，两条新闻令人印象深刻。一是鲁能足校的吴梓岳在广西考出了 570 分，超当地一本线 70 分，吴梓岳说：“我认为踢球的孩子都是有灵性的，学习和踢球并不矛盾。”二是湖南耒阳的留守女孩钟芳蓉考出了 676 分，获得湖南省文科第四名，她说：“受‘敦煌的女儿’樊锦诗先生的影响，我决定报考北大的考古专业，以后想读研深造做学问。”

董谦在《种稻记》里写道：“所谓的有机，就是一切东西都可以再转化、再延续，而不是一个速成的绝望的状态，它可以很安静、很沉默，源远流长。”这本小书，不敢类比于樊锦诗先生的精神传递，但能有这么一段时间安静地做一件事情，给更多的“吴梓岳们”提供一点“知行”的养分，也是一种延续。

感谢在成书过程中给予鼓励和支持的各位足坛前辈，感谢徐根宝指导、朱广沪指导及李春满博士为本书作序，并提供了大量宝贵建议。

感谢新闻前辈马军鸣和山东省体育局、山东省足协的各位领导、同事的信任与支持，没有他们对足球文化的高度重视和深刻认识，就不会有这本书的诞生。

感谢鲁能足校积极向上的氛围，没有他们文体并进和立德树人的扎实努力，就不会有段刘愚、吴梓岳们的励志。

感谢我的母校上海体育学院，感谢 89 级新闻班。这也是我们的一段知行路。

从云

2021 年 6 月于青岛逍遥村

弟子规

【总叙】

弟子规　圣人训　首孝悌　次谨信
泛爱众　而亲仁　有余力　则学文

【入则孝】

父母呼　应勿缓　父母命　行勿懒
父母教　须敬听　父母责　须顺承
冬则温　夏则凊　晨则省　昏则定
出必告　反必面　居有常　业无变
事虽小　勿擅为　苟擅为　子道亏
物虽小　勿私藏　苟私藏　亲心伤
亲所好　力为具　亲所恶　谨为去
身有伤　贻亲忧　德有伤　贻亲羞
亲爱我　孝何难　亲恶我　孝方贤
亲有过　谏使更　怡吾色　柔吾声
谏不入　悦复谏　号泣随　挞无怨
亲有疾　药先尝　昼夜侍　不离床
丧三年　常悲咽　居处变　酒肉绝

丧尽礼　祭尽诚　事死者　如事生

【出则悌】

兄道友　弟道恭　兄弟睦　孝在中

财物轻　怨何生　言语忍　忿自泯

或饮食　或坐走　长者先　幼者后

长呼人　即代叫　人不在　己即到

称尊长　勿呼名　对尊长　勿见能

路遇长　疾趋揖　长无言　退恭立

骑下马　乘下车　过犹待　百步余

长者立　幼勿坐　长者坐　命乃坐

尊长前　声要低　低不闻　却非宜

进必趋　退必迟　问起对　视勿移

事诸父　如事父　事诸兄　如事兄

【谨】

朝起早　夜眠迟　老易至　惜此时

晨必盥　兼漱口　便溺回　辄净手

冠必正　纽必结　袜与履　俱紧切

置冠服　有定位　勿乱顿　致污秽

衣贵洁　不贵华　上循分　下称家

对饮食　勿拣择　食适可　勿过则

年方少　勿饮酒　饮酒醉　最为丑

步从容　立端正　揖深圆　拜恭敬

勿践阈　勿跛倚　勿箕踞　勿摇髀

缓揭帘　勿有声　宽转弯　勿触棱

执虚器　如执盈　入虚室　如有人

事勿忙　忙多错　勿畏难　勿轻略

斗闹场　绝勿近　邪僻事　绝勿问

将入门　问孰存　将上堂　声必扬

人问谁　对以名　吾与我　不分明

用人物　须明求　倘不问　即为偷

借人物　及时还　人借物　有勿悭

【信】

凡出言　信为先　诈与妄　奚可焉

话说多　不如少　惟其是　勿佞巧

刻薄语　秽污词　市井气　切戒之

见未真　勿轻言　知未的　勿轻传

事非宜　勿轻诺　苟轻诺　进退错

凡道字　重且舒　勿急疾　勿模糊

彼说长　此说短　不关己　莫闲管

见人善　即思齐　纵去远　以渐跻

见人恶　即内省　有则改　无加警

惟德学　惟才艺　不如人　当自励

若衣服　若饮食　不如人　勿生戚

闻过怒　闻誉乐　损友来　益友却

闻誉恐　闻过欣　直谅士　渐相亲

无心非　名为错　有心非　名为恶

过能改　归于无　倘掩饰　增一辜

【泛爱众】

凡是人　皆须爱　天同覆　地同载

行高者　名自高　人所重　非貌高

才大者　望自大　人所服　非言大

己有能　勿自私　人所能　勿轻訾

勿谄富　勿骄贫　勿厌故　勿喜新

人不闲　勿事搅　人不安　勿话扰

人有短　切莫揭　人有私　切莫说

道人善　即是善　人知之　愈思勉

扬人恶　即是恶　疾之甚　祸且作

善相劝　德皆建　过不规　道两亏

凡取与　贵分晓　与宜多　取宜少

将加人　先问己　己不欲　即速已

恩欲报　怨欲忘　抱怨短　报恩长

待婢仆　身贵端　虽贵端　慈而宽

势服人　心不然　理服人　方无言

【亲仁】

同是人　类不齐　流俗众　仁者稀

果仁者　人多畏　言不讳　色不媚

能亲仁　无限好　德日进　过日少

不亲仁　无限害　小人进　百事坏

【余力学文】

不力行　但学文　长浮华　成何人

但力行　不学文　任己见　昧理真

读书法　有三到　心眼口　信皆要

方读此　勿慕彼　此未终　彼勿起

宽为限　紧用功　工夫到　滞塞通

心有疑　随札记　就人问　求确义

房室清　墙壁净　几案洁　笔砚正

墨磨偏　心不端　字不敬　心先病

列典籍　有定处　读看毕　还原处

虽有急　卷束齐　有缺坏　就补之

非圣书　屏勿视　蔽聪明　坏心志

勿自暴　勿自弃　圣与贤　可驯致